運動部顧問・
スポーツ
クラブコーチ
のための

ベスト・
パフォーマンス
を引き出す
コーチ力《りょく》

高畑好秀　小林雄二

水王舎

はじめに――中学校・高校スポーツ部活動の指導者の先生方へ

本書は、〝中学校・高校のスポーツ部活動の指導者の先生が、今直面している大きな問題はなにか?〟を取り上げ、よりよい解決策について、指導者の意識・思考はどうあるべきか、を実例にそって提案していくものです。

先日、ある高校野球部の若い監督から、こんな相談を受けました。

それは「ミーティングで少し厳しいことを部員に話したところ、『〝なんであんなことを言われないといけないんだろう。イヤな気持ちになった〟と数人の部員が言っていました』と、ある部員から聞いて……。なんか、監督としての自信がなくなってしまいました」というような内容でした。

「いい指導者」とは、選手たちにとって「都合のいい指導者」のことと選手は考えているのではないかと思えるケースが、最近は多いと感じています。どうしても選手は短絡的に目先の感情で判断してしまうところがあるものです。だから〝自分たちのやりたいようにやらせてくれる〟〝自分を試合に使ってくれる〟など、あくまでも自分たち都合での判断になるのだと思います。

しかし、「**優しさ**」と「**甘さ**」は同じではありません。また「**選手の目線に立つ**」ということと「**選手と同化して仲良しでいる**」ということも違います。「**気を配る**」ことと「**媚びを売る**」ことも違います。そこをしっかりと意識しておかなければ、ついつい流されてしまうのではないでしょうか。選手から嫌われたくないという気持ちが強くなってしまうと、どうしても厳しいことを言えなくなったりしてしまうこともあるでしょう。

指導者の役割は**選手たちの進むべきゴールへの方向性を指し示し、そのゴールへと導いていく**ことです。そのためには指導者としてのしっかりとした揺るぎない信念が大切になってくるのです。時に選手たちにとって耳障りなことも伝えなくてはならないでしょう。嫌われることを前提に、選手たちに必要なことを厳しい対応で課さなければならないときもあるでしょう。

そのとき自分自身に一度問いかけて〝これは**自分のエゴ**なのか、**選手たちの将来を見据えての愛情**からのものなのか〟と、考えることは大切になると思います。もし、自分の答えが後者なのだとすれば、選手たちに嫌われるのは覚悟のうえで伝えるべきことをしっかりと伝えていただきたいと思うのです。

本書ではそうした前提のうえで、こういった諸々のズレを最小限に抑えて選手たちとよりよい方向へと進んでいくためのヒントをご紹介します。

今の時代の子どもたちの特徴を踏まえたうえで、伝えるべきことをいかなる手段を使ってより伝わるようにしていけばよいのかをご紹介します。しかし読み進めていくうちに、大人である我々も過ぎし日を思い出してみると、このような指導を受けていれば……と思えるようなことも多々あるのではないかと感じます。そういう意味では表面的には昔と今の子どもは違っているように見えて、本質的な部分では大きくは変わっていないのかもしれません。

時代も変わり、指導者の皆様を取り巻く環境も変化してきていると思います。しかし変わってはいけない大切なものもあるはずです。指導者の皆様には、その大切なものを変わることなく持ち続けてご指導していかれることを願っています。

＊本書は、スポーツメンタルトレーナーとして、プロスポーツ選手のメンタル指導に長年携わってきた高畑好秀と、スポーツ分野を中心に活躍しているフリーライター・心理カウンセラー小林雄二の共著です。二人がプロスポーツを通じて得た多くの知識・経験を生かして、中高生のスポーツ部活動の顧問の先生方、スポーツクラブコーチの皆様に、新しい指導者のあり方、生徒・選手とのよりよい関係の持ち方について考え、お伝えしたものです。

Contents

『ベスト・パフォーマンスを引き出すコーチ力』■目次

Chapter 1

必要なのは、指導者の意識改革

Chapter 2
チームコンセプトの立て方

Chapter 3

コミュニケーションのとり方

Chapter 4
モチベーションの上げ方

Chapter 5

チームスピリットとリーダーシップの育て方

Chapter 6

伝わる叱り方、保護者とのつきあい方

プロローグ……なぜ指導者が行き詰まっているのか、その時代背景

〜コミュニケーションギャップの背景に、なにがある!?

“30年前の子”と“現代の子”はどこが違うのか

メンタルトレーナーという仕事をはじめて30年弱になるが、プロスポーツの世界ですら、選手の気質は30年前とは大きく違ってきていると肌で感じることが多い。プロの世界でもそうなのだから、スポーツに取り組む子どもたちの気質が時代と共に大きく変わってきているのも当然だろう。それと同時に選手を指導するコーチ陣にも、指導法やコミュニケーションのとり方などに大きな変化や工夫が見て取れるようになってきた。違いを挙げればキリがない。

指導者の側から言えば、たったひとつのことを指摘したつもりが選手は自分が全否定されたかのように受け取る。ハッパをかけたつもりがヘソを曲げてしまったり、厳しいことを口にするとすぐに萎縮して元気をなくす……。試合に出場させなければ親から苦情がくる……などなど。

それもそうだろう。家庭での親子関係も、学校などでの友人関係も時代と共に変化しているのだから。

友人間のコミュニケーションの手段は現在はＳＮＳが主体になっている。

家庭では両親から怒られた経験も少ないし、家族の中で子どもは最優先に扱われて育つ。つらいことも親が先回りして回避させていく。

指導者の側も「昔であれば……」と嘆くのではなく、時代に適応していかなくてはならないだろう。昔から変わらず大切なことは今なお大切にしながら、〝**伝え方という手段**〟を新たに考えていく必要がある。

指導者は自分のやりたいようにやって自己満足に浸るために指導をするのが目的ではない。

指導の目的はあくまでも子どもたちを伸ばしていくことなのだから。

〝相手の立場に立って物事を考えましょう〟〝自分がされてイヤだと思ったことを、人にしてはいけないよね〟といった指導は、小学生の頃の親や先生からの〝定番お説教〟のひとつであった。

ところが、最近の子は事情がちょっと……どころか、だいぶ違う。

最たる理由は、現代の父母のメンタリティが〝我が子ファースト〟になっていることが多いためだ。

〝みんなの中で生きていく〟ことを前提とした、〝みんなの中の一人〟ではなくて、あくまでも、我が子が一番。多くの親の方針がそうであるから、〝相手の立場に立って〟などという発想を子どもが持つのが難しいのは、言ってみれば当たり前のことである。

いかなる状況であろうとも、〝集団の中に我が子がいる〟のではなくて、〝我が子がいて、周りがいる〟という発想だ。

さらに言えば、周りが見えない、周りのことを考えられないということはコミュニケーション能力も育たない……ということにつながるのだが。

では現代の「子どもファースト」で育った中高生を相手にする指導者にとって大事なことはなにか？　最も心を配らなければならないのはどんなことか？　考えてみたいと思う。

「スマホ世代」とどうつきあうか？

電車の中で日常よく見かけること。これは、特に父親に多く見られる傾向なのだが、小さな子どもと二人きりだと間が持てないのだろう、スマホやゲームを持たせて自分もスマホとにらめっこ……という光景をよく目にするのだ。小さい頃からそんな〝環境〟をつくられている子に、コミュニケーション能力が育つだろうか。学校の話、習い事の話、仲のいい友だちの話、好きな食べ物の話、好きなキャラクターの話、そして自分（親）の話など、子どもと話す材料などいくらでもあるはずなのに、親がそのチャンスをみすみす逃しているわけだ。

そして、そんな父親に限って、会社の若手のことを〝最近の若い奴らは、まともにコミュニケーションもとれないんだから……〟とグチをこぼすのだろう、と思うのだ。だとすれば、それは見事な負のスパイラルである。

振り返って自分たちの時代はどうだったか。

たとえば、筆者の世代＝バブル世代（１９６５〜７０年頃生まれ）も、〝若手の頃〟は「指示待ち族」と言われたものだ。自分から率先して動くのではなく、指示がないと動かない。バブル世代は売り手市場であったから、忍耐力もなく、なにかあるとすぐに会社を辞めていってしまう……と悪評を振りまいたものだ。

これ、どこかで聞いたこと、あるな⁉……と思われた方もおいでだろう。

現代と一緒なのである。

つまり、中間管理職クラスの〝鉄板ゼリフ〟である「最近の若い奴らは……」は、永遠に受け継がれている言葉なのだ。まさに「未来永劫」だ。

なにが言いたいか。

〝人の振り見て我が振り直せ〟
もうひとつ。
〝変化を受け入れることを忘れずに〟
（自戒を込めて……）。

Chapter 1

必要なのは、指導者の意識改革

「自分たちの時代＝常識」は思い込みにすぎない

指導者がよく口にするのが、〝自分らはこうやってきて、成長できたんだ〟とか、〝こうやって上手くなったんだ〟〝こんなものは当たり前だ！〟という「**過去の美化活動**」だ。「俺たちの時代はものすごい走り込みをした（させられた）もんだ」とか、「1000本ノックをやった」という、いわば**ド根性練習経験**も同様だ。

その内容・経験を真っ向から否定するつもりは毛頭ないが、問題なのはそれらのひとつひとつは**科学的に本当に、選手に有為な練習**であったのか、精査されていないものばかりであるということだ。

受けた体罰が自分の成長につながったんだ……といった思い込みの風潮も、いまだ〝現役〟である。

〝体罰があったからこそ〟的なことは言いづらい世の中になっているため、表向きには言わないものの、メンタルトレーナーという立ち位置で現場を見ている立場から言わせてもらえば、現代の指導者の中でも多くの方が、そういう意見を持っているのが現状である。

ある高校のサッカー部での一例。

ヨーロッパでコーチ経験のある外国人が指導のために来日した。そのコーチに一日指導を受けることになった。その日の練習開始は13時だというのに、（いつものごとく）その1時間くらい前からウォーミングアップと称して部員みんなが走りはじめていた。そして、肝心な（というか、ここからが本番のはずの）13時には部員は既にヘトヘトになっていたという。これを見て〝どこかヘンじゃないか？〟……とその外国人コーチは首をかしげたという。

ただでさえ、そのコーチは「ボールを持たないで走ることは、ほとんど意味がない」という考えを持ち、やたらと長い練習時間にも閉口したのにこれである。

またグラウンド、フィールド、あるいはコートといった〝聖なる場所〟での笑顔は気合いの入っていない証拠と考える指導者が多いのもよくある風潮かもしれない。

このような、〝俺たちの時代は〟的指導が指導者の頭の中にまだまだ根強く残っているな……と感じるシーンに出くわすことは少なくない。簡単に言えば、「自分たちの時代＝常識」で、それを悪びれることなく、〝まあ、それが普通でしょ〟という感覚になっているのだ。

さらに言えば、そう思いがちな世代の人間にとっては、学校の先生、顧問の先生には従うことが当たり前、生徒は自分の支配下にあるというメンタリティが根底にあるから、生徒が話を聞かない、言うことを聞かないという事態に直面すると、指導者にイライラが生まれるというネガティブ・スパイラルに落ちる。まさか？と思われるかもしれないが、そんなこんなの勘違いが元で、私用を選手に頼んでやらせる指導者が、平成どころか「令和」となった現在でもいるのが現実だ。

「日本の運動部って（自分の意見を）言えない空気があるよね」

こんな話をひとつ。

女子卓球の平野美宇選手の実母で、卓球指導者としても注目を集める平野真理子さんを取り上げたテレビ番組の中にこんなシーンがあった。

同氏が指導にあたる卓球センターでの練習中に、小学生の選手が「こんな練習をしてみたい」と自ら願い出てくる。すると平野先生は「じゃあ、それやってみようか」と二つ返事で快諾。それを見た取材者がびっくりしてその理由を聞いてみると「ここは（自分の意見を）言っていい場所だよっていう雰囲気がある。日本の運動部って、そういうことを言えない空気があるよね。監督やコーチが決めたことに対して子どもたちとか生徒は従うのが常識で。でも私はそうじゃないと思っています。練習はそこに自分の意志が入っているというだけですごく楽しくなる。楽しいから強くなりたい（と思うようになる）」と。

自分の指導を押しつけるのではなく、やる気を喚起する平野さんの下には、多くの生徒が集まってくる。

1年生は下働きが主な活動で、練習は苦しさしかないのが当たり前。そんな上下関係や部活体質は、一見今でこそ大きく様変わりしているように見えるが、昭和的ド根性部活体質はあいかわらず健在である。

その根源はほかでもない、顧問の先生である自分の中に巣くっている……かもしれないと、我が身を振り返ってみてはいかがだろうか。

「部活私物化気味の先生」型と「友だち化している先生」型

一方で、我が身を振り返りすぎてしまったのか、部員・選手と完全に友だち化してしまっているケースも少なくない。指導の内容に第三者があまりにもデリケートに反応する時代だから、針を逆に振りすぎてしまったのかな……と思うのだ。あるいは、生徒の心を摑もうとして友だちっぽく接しているうちに完全にナメられた……というパターンもある。

指導というものはキチンと一線を引いておかないといけないのもまた事実。そのあたりのさじ加減を見誤ると、これも指導者としては失格である。

しかし現実には、「**部活私物化気味の先生**」型と「**友だち化している先生**」型の2パターンがスポーツ部活動指導者の中に多く存在しているのが現状なのだ。

指導の難しさは、昭和的ド根性部活時代よりは、圧倒的に難しくなっているという側面もある。その大きな理由のひとつは、子どもたちの抵抗力の弱さだ。

今の子どもたちは少子化の影響もあり、きょうだいを持たない子が多い。そのため家庭内できょうだいげんかが少なくなっている。弟や妹の立場からすると理不尽きわまりない兄や姉の言動はもちろん皆無で、肝心の親からも大事に、大事に育てられている。指導者と生徒が友だち感覚になっているという話をしたが、友だち感覚の関係になっている親と子どもも多いように思うのだ。

実は「大事に育てられている」というのは、教育現場の先生からよく聞かれる言葉だ。丁寧に言えばたしかに〝大事に〟なのだが、これはズバリ、「甘やかされている」といっても過言ではない。親と子、指導者と生徒が馴れ合いになってしまっているケースも多い。

生徒・子どもから見た〝いい先生〟〝いい大人〟の基準が変わってきている……ということを感じるのは、その副産物なのかもしれない。

それこそ〝昔〟は、「厳しいことを言ってくれる人のほうが、ホントにあなたのことを思ってくれているのだ」的に言われてきたのだが、今の風潮の中では、こちらは〝生徒のことを思って叱っているのだ〟と思っても、生徒からは「この人、敵だ！」と思われてしまうのだからたまらない。しかし現在はそういう社会なのだ。

〝過去〟に固執しない柔軟な発想

〝自分の受けた指導はホントに正しかったのか、自分の経験はホントに正しかったのか……〟と、場合によっては、自分の受けた指導を吟味する必要性もあるだろう。

たしかに〝～年前の我々の時代〟は、有無を言わさず、無茶苦茶なことをやらされていたことは多く、その中から、歯を食いしばって頑張る経験はできたし、〝あの頃があったからこそ、今の自分がいる〟という心の支えになった側面もある。しかし、我々よりもさらに上、もっと歯を食いしばって生きてきた戦時中の人たちから見れば、我々の世代だって〝甘々〟だったのだ。前述したように我々が20代の頃は〝指示待ち族〟と言われていたではないか。それがどうだ。気づいてみれば、「最近の若い者は……」と言っているのは、ほかでもない、かつてそう言われた我々なのだ。

たとえば、「俺は一日1000本素振りをした」と言っても、それが、ただ振っているだけの形式上の素振りであったり、理にかなっていない素振りであれば1振りだろうが、1000振りだろうが、大差はない。選手からすれば、〝そこまでやったけど、プロになってないじゃん〟と思われ、言われたとして、さてさて反論できるだろうか。指導者の中には、厳しいことをやれば上手くなると考えている人はまだたくさんいる。上手くなることをやらないと上手くはならないのだ。しかし、厳しくてつらい練習をすることが上手くなることとイコールではない。

PCやスマホのアプリがまさにそうではないか。ちょっと前までの〝最新〟も、アップデートや知識の上書きをくわえていかないと、あっという間にガラパゴス化してしまうのだ。

人が変わり、世代が変わり、時代が変わるのだから、指導方法は常に進化しているのに、自分が受けた20〜30年前の過去に固執しているようでは、今の子どもたちとわかり合えるはずはない。

それはコミュニケーションの仕方ひとつとっても同じこと。そしてその変化を察知するためには身近なところから変化を感じ取る必要があるはずだ。

たとえば、コミュニケーション能力が低いと言われる若年世代の、主なコミュニケーションの手段はＳＮＳだ。顔をつきあわせた会話がただでさえ苦手な世代に、そもそも長いセンテンスは通用しにくい。そんな世代に、長々とした指示では通じにくい……という現実を受け入れることが、〝変化を感じ取る〟ということだ。

それを昔のままの発想と思考で終わらせてしまうと、前へ進むことができないどころか、生徒との感覚はますますズレていくことになるだろう。

「できること」より「できないこと」が気になる

困ったときは原点回帰。

そもそも、生徒を指導している目的はなんなのか。どういった思いから指導を行おうと思ってスタートしたのか。それがたとえば生徒・選手を〝いい方向〟に持っていきたいということが目的であるならば、その時代時代に応じた手段、適した手段を用いるよりほかないはずだ。現代の生徒を、昔の手段に当てはめることは現実的ではない。体罰禁止と叫ばれている時代に、「俺はそれで鍛えられた」（どう鍛えられたのかは、そもそも不明だが）という理由で〝体罰続行〟は許されない。であれば、それ以外の方法で、相手に伝わる手段に切り替えていかないといけないということなのだ。

まず〝目的〟がありそのために最適な手段を考えよう！　技術向上が〝目的〟であれば、上手くなる過程の中で苦しいことは当然ある。これはまぎれもない事実だ。上手くなるための練習では、しんどい部分は避けて通ることはできないから、そこは上手くなるために頑張ろうよ……となる。

ところが、「苦しいことを乗り越える」が目的となると、前述したような1000回素振りなどのド根性論が顔を出し、〝苦しいことをやっているから上手くなる〟という、因果関係逆転傾向が起こってしまうわけだ。そこにあるのは、苦しいメニューを選手に課して、それをやり遂げたことに満足している指導者と、「**今日もこれだけ苦しいことを乗り越えた……**」という、ちょっと**方向性のズレた満足感**に浸る部員の姿という図式だ。

かつて甲子園の優勝投手となり、ドラフト1位でプロ入りしたAさんの言葉を借りると「高校野球の監督をやっていると勘違いする」そうだ。部員に「右向け右」と言えば、みんな綺麗に動くわけだから、兵隊の隊長になったような気分。それは気持ちいいだろう。言葉は悪いが、まるで独裁者のような状態で、〝部下（＝部員）は言うことを聞くものだ〟という、いわばトランス状態になってしまう……これが、勘違いのもととなる。

もうひとつ。

俳優の渡辺徹さんがテレビの番組で「他人の子なら、たとえばサッカーは得意だけど、勉強ができないと聞くと、〝サッカーを一生懸命頑張っているんだから、いいじゃん！〟となるけど、自分の子どものことになると、できることよりも、できないこと（苦手なこと）のほうが気になる」というようなことを言っていたのだが、部活の場合もそれに近い感覚があるようなのだ。

主観が入りすぎるのだ。

「**できること＝〇**」よりも、「**できないこと＝×**」が気になる。

それがやがて「**なぜできない！**」となる。

これもまた、指導者の陥りやすい〝所有者意識〟といえるだろう。

そしてその勘違いが、いまだ部活やスポーツ界にはびこる暴力行為であり、パワハラへとつながっていくのだ。もちろん、その根底には生徒のことを、それこそ親のように一生懸命考え、なんとかしてやりたい、なんとかものにしてやりたいと思うからこそなのだが……、しかし目的と手段とは別物である。

部員、生徒は「預かりもの」という考え方

あまり過去ばかりを振り返ってもしようがないのだが、かつては多少（かなり？）暑苦しくても本気で自分に愛情を注いでくれたと思えるような、いわゆる熱血先生たちの指導というものも、怒られる側に立てば〝そのとき〟はムカつくもの。あとになって考えると〝やっぱり、あのとき怒られておいてよかったかも……〟と振り返ってうなずくこともできたのだが、今の時代はそれは通用しない。社会も、組織も、それを許容しない。

そこで、**情熱は情熱として持っておきながらの距離感**が重要だ、ということになる。

シドニー五輪女子マラソンの金メダリスト、高橋尚子さんとの会話の中で、彼女がこんなことを話してくれたことがある。

「中学、高校、大学、社会人と陸上を続けてきて、私は一回も走ることを嫌いになったことがないんです。その過程があって、最後に小出（義雄）監督のところで花が開いたかたちになりましたが、そこまでつないでくれた監督さんたちのおかげで陸上を続けることができたんです。そういう意味で、私の陸上人生は指導者の方々がバトンをつないでくれたものだと思うんです」

これはつまり、指導する立場からいえば、部員・生徒は、ある時期、その時期の「預かりもの」という考え方だ。そして指導者は、その感覚を大切にするべきであると思うのだ。彼らがその競技を次の段階でも続けていくか否かは、関係ない。〝その先の人生〟へとつなぐ。その先へと送り出す。〝今〟はその過程、途中段階なのである。

ギャップを理解したうえで、生徒に伝える作業

そもそも、最近の子どもたちは家庭で親に怒られる、習い事で先生やコーチに叱られる経験は極端に少なくなってきている。だから、先生が怒っても、何が問題なのか伝わらないし、わからない。かつてであれば、〝ヤバい、これは先生に怒られるな、どうしよう……〟という善し悪しの分別は、怒られることで感覚的に覚えてきたものだから、先生の怒りも理解できていたのだが……。

たとえば、近年、部活などにおいて先生が生徒に対して激昂し、「もういい。お前は帰れ！」であるとか「明日から来なくていい！」的な言い方をすると、かつては

「今のはまずかったな……」とか「ヤバい、怒られたからちゃんと練習しなきゃ」、あるいはもっとストレートに「すみませんでした！」と謝ったり……といったように反省するきっかけとなっていた。

最近ではこのようなセリフを吐こうものなら、それを言われた生徒は、家に帰るか、本当に次の日から来なくなるケースが増えている。そして気にかけた先生が生徒の元に行き、「どうして部活に来ないんだ？」と聞くと、「え？　だって先生が来なくていいって言うから……」となる。

これが、先生と生徒との間にある昔と現代のギャップである。

そしてこのギャップを理解したうえで、生徒に伝える作業をしていかなければいけない。いっぽうで本来は叱らなくてはいけないところをなぁなぁで済ませておくと、それこそ部活動は成り立たなくなるし、その生徒のためにもならないのだ。

Chapter 2

チームコンセプトの立て方

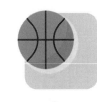

なぜ、チームコンセプトが必要なのか

指導者にも様々なタイプがいる。たとえば、人の成長を考えて長期的なビジョンで考えられる人、選手の能力・個性を見極めた指導に長《た》けた人、あるいは個々の状態やメンタル的な〝旬《しゅん》〟を見極めながらの状況優先で選手を起用する「適材適使《てきざいてきし》」の巧みな人などなど。

肝心なのは、自分がどのタイプであるか、どういった指導が得意か……を認識することだ。

そのうえで、自分はじっくりと育てたいのか、あるいは技術をどんどん教え込んで伸ばしたいのか。選手の練習姿勢などはさておき、試合では徹底的に勝利を勝ち取るための選手起用をしたいのか。もっと単純に言えば、**選手の「将来」なのか「一戦必勝」をめざすチームづくり**なのかを明確にすることもコンセプトづくりには欠かせない要素である。

しかし、いろいろなチームを見てきて思うのは、このあたりのコンセプトが不明瞭なチームが意外に多いということだ。

それはたとえば、〝俺は一生懸命練習をやっている。Aは練習も力を抜いているけど、ちょっと上手いからという理由だけで試合には必ず使ってもらっている。なんかやってらんねぇなぁ……〟といった感じで〝ブーたれる選手〟が出てくるのも、それと無縁とは思えないのだ。

ただそれも、「**このチームは一戦必勝、勝負至上主義だ**」というコンセプトを掲げていれば、個々の選手の日頃の取り組み姿勢はどうであれ、指導者が「実力アリ」と見込んだ選手が試合に起用されるのも当然のこと……となる。

逆に「**普段の取り組み姿勢を評価する**」コンセプトであれば、実力ではなく、日頃の頑張りによって……となるわけだ。

つまりは（当たり前のことだが）、コンセプトそのものが選手起用に関わってくるのだから、それを踏まえたコンセプトづくりが必要だということだ。

ブレのない指導。それを実現するためにも、めざしたい方向性は自分の適性を踏まえつつ、**めざすところを明確にする**。そしてそれを選手に伝える。それがコンセプトだ。そしてそれを選手に正しく理解させ、共有することこそ、コンセプトを実現するための、唯一の策であると言っていいだろう。

まずは、他者のいいとこ取りからはじめよう

クラスター技法というものをご存じだろうか。ざっくり言うと統計学なのだが、簡単にご紹介すると、まずは自身が指導者としてめざしてみたい方向性であったり、傍から見て〝上手く機能しているな〟と思ういくつかのチームの、よい部分を書き出してみる。よい部分というものは、必ず共通している点が浮かび上がってくるので、それらを抽出しながらコンセプトづくりに生かすのである。

たとえば「挨拶」。

これは競技そのものとは直接関係していないようにも思えるのだが、〝いいチーム

だな〟と思える学校・部はやはり挨拶がしっかりとしている、といったことや、こちらから声がけしたときの対応などがいいといったことを実感し、それをめざそうとするのであれば、「**礼儀正しさを身につける**」という項目・要素が挙げられる……といった具合だ。

試合会場などでの用具や自分たちの持ち物の整理整頓が素晴らしいであるとか、服装・身だしなみがキチンとしているといったことをまとめると「**マナーを大切にする**」といった項目が考えられるだろう。

あるいは笑顔が印象的なチームに惹かれたり、控え選手や応援に回っている選手たちからも大きな声が出ているといったことが挙げられるのであれば「**明るいチーム**」「**一体感のあるチーム**」。どんなプレーでも最後まで諦めずにボールを追うであるとか、練習風景や試合での選手の動きがキビキビしているであるとか、野球であれば常に一塁まで全力疾走するといった項目を「**全力プレーを心がける**」という言葉にするなど、要素をいくつかまとめて、ひとつのコンセプトとするのだ。

注意したいのは、**指導者の思いが一人歩きしないように**することだ。

ありがちなのは、ちょっといいフレーズを見つけた、思いついたといって、それをある日突然スローガンに掲げた……まではいいとしても、その意図が伝わらなかったり、指導者の思いに部員が共感できずに〝看板倒れ〟〝看板に偽りあり〟になってしまうことだ（実際に、このケースはけっこう多いように見受けられる）。

そうならないためには、指導者はそのコンセプト（スローガン）を立てた理由と、その中身（具体的にどのように実践するかといったこと）を選手や部員たちにしっかりと伝える。必要なのは、そのためにどういったことが要素として含まれるのかを納得・実感できるように説明することだ。

たとえば、前述した「挨拶」にしても、ただ「挨拶をしなさい！」の一方通行で、選手に「とりあえず、挨拶すればいいんでしょ」と受け取られるようでは意味はない。〝お互いが挨拶をすることは気持ちよく、その結果としてコミュニケーションがよくなり、練習の雰囲気にもつながってくる。雰囲気がよくなればモチベーションも上がり、練習効率も上がってくる……といったことがコンセプト、あるいはスローガンを立てた理由であり、そしてこれを続けていった結果、チーム力の底上げにもつながっていくよ〟といったように選手たちに伝えていけば、単なる言葉の羅列では終わらないのではないかと考える。

近年では野球やサッカーなどの高校強豪校が学校周辺の清掃活動を行っていることなどが取り上げられることも多くなってきた。先日、毎朝、部員が当番制で清掃活動をしている都内の女子サッカー強豪校の顧問の先生にその真意を尋ねたところ、「生徒には**感謝の気持ち**を持ってほしいからです」という言葉（＝コンセプトの意図）が返ってきた。

「人数を決めて、毎朝、当番制で学校周辺を掃除しています。そのとき住民の方々に『ありがとうね』といった声をかけていただくことで〝役に立っているんだな〟ということに気づき、そこから〝感謝〟というものを知ることができます。また、掃除をしているときに通行する方々がいれば箒《ほうき》を掃く手を止めるといったことをしているうちに、普段の生活の中でも周囲に気を配ったりすることが自然とできるようになっていくのです」というのがその理由（大きな狙い）だという。

さらには、周囲に気をつけ、目を配る、それはサッカーでも同じこと。だから、競技にも生かせるというのだ。そんな意図と説明があれば、選手も理解できるだろう。

くわえて言うならば、「あの高校生たちはいいね」と地域の人から愛されるチームになっていく……といった方向につながる可能性も秘めている。選手の側も自分たちの行動から生まれてくる様々な効果を、活動を通して実感できればこんなにいいことはない。

優先順位から見えてくる、〝本当に大変なもの〟

ちなみに、前述したコンセプトやスローガンの数は少なくてもＯＫだ。あれもこれも……となってはそれだけで〝お腹いっぱい〟になってしまうし、なにより大切なことを見失ってしまうようなことになれば元も子もない。

立てたコンセプトが複数ある場合は、その中で優先順位の高いものは、たとえ時間がかかろうともブレることなく貫き通す覚悟を持って掲げたい。たとえば、５つの項目を挙げたのであれば上位の３つはやり抜く項目。４つ目と５つ目は状況を見ながら……くらいでもいいかもしれない。

それはなぜか。

講演などで一般企業のサラリーマンの方々にお話をする機会があるのだが、その中で参加者に「皆さんがサラリーマンになった理由を挙げてください」と尋ねると「安定した生活が望める」「やりがい」「給与」「社風（社内の風通しのよさ）」などいろいろな項目が挙がってくるのだが、そういった動機（優先順位）を横一列にしておくと、どれかひとつでも欠如（満足できていない状態）していると、人というのは不思議なことに〝すごく不満〟を感じるのだ。「人間関係がどうも上手くいかない」とか「やりがいのある部署じゃない」、あるいは「今の仕事なら給与は物足りない」といったように。

しかし、その中であらためて優先順位をつけてもらい、それを見直すと、たとえば「安定した給料」と「やりがい」が上位にあり、それに対して満足度が高いのであれば、それはそれで十分なのでは？　と尋ねると「たしかに……」となる。

初心忘るべからずではないが、そもそも優先順位はなんだったの？……と。そこを見失って余計な不平不満が募る一方になってしまうと、これぞ本末転倒である。

困ったときに立ち返る〝そもそも論〟のススメ

この〝そもそも論〟、実はとても大切なことである。

〝そもそも、**なぜ先生（指導者）になったのか**〟

〝そもそも、このチーム（部）を率いることになったときに**どんなチームをつくりたい**と思っていたのか〟

〝そもそも、**なぜこの部活動を引き受けたのか**〟

〝そもそも、生徒（部員）には**どんな生徒に育ってほしい**と思っている（いた）のか〟

〝そもそも、**強いチーム**にしたかったのか、**競技の魅力**を伝えたいと思っている（いた）のか〟

よくよく思い返してみると、〝そもそも〟は〝部員たちには楽しく部活をしてほしい〟と思っていたのに、今は部員のミスに怒鳴り散らしたり、思わず強い口調で叱責したり……では矛盾が生まれるのは必然のこと。〝そもそも論〟を振り返ることは、チームコンセプトづくりの重要なファクターになると思うのだが、いかがだろうか。

こんな話がある。

元プロ野球の投手でＭＬＢでも活躍したことがある選手と現役時代に話をしていたときのことなのだが、彼が冗談半分でこんなことを言ってきたのだ。

「僕、プロゴルファーになればよかったかな……って思うことがあるんですよ。まぁ、ゴルフが好きだっていうのもあるんですけど、プロゴルファーだったら、何歳になっても稼げるじゃないですか」

そのとき、こちらから思わず彼に問い返したのは「金を稼ぐために野球をしてるの？　野球が好きで、好きなことを仕事にできたんじゃないの？」という〝そもそも〟論だ。

彼の場合も本当は野球が好きなのに、いざその世界に身を置くと、ふとしたことをきっかけに〝隣の芝生は青い〟状態となり、本来の夢や目的、考え方がすり替わってしまったのだろう。**自身の〝そもそも〟を時々、自省する**ことは指導者としての自分自身を見つめ直す、いい機会になると思うのだが、どうだろうか。

伝えなければ意味がない言葉の「意味」と「意図」

常日頃から、指導者の「やる気」や「本気」の定義を伝えておくのも大切なことだ。たとえば野球で平凡な内野ゴロだったとしても、〝全力プレー〟をチームスローガン、あるいはめざすプレースタイルとして掲げているチームであれば、常に一塁まで全力疾走を怠らないことが、うちのチームでいう「やる気」であり「本気」なのだ……ということを伝えておくと、わかりやすい。

あるいは練習中の笑顔が「真面目に見えない」のであれば、たとえば「笑顔でいると、気持ちにもゆるみが生まれる。そういうゆるみが雑なプレーやケガにつながるから、気をつけなさい」といったような言い方をしてみる。

ちなみに、それらの定義を最初に示したところで、選手はそれを忘れてしまう、あるいは〝つい、うっかり、やらかして〟しまうものなのだ。

であれば、**繰り返し、繰り返し、伝えていく**よりほかはない。さらにぶっちゃけてしまえば、〝徐々に浸透していけばいいだろう〟くらいに考えていればいいのではないか、と思うのである。くわえて、**具体的に指摘**されると、選手の側にも〝先生（監督）はちゃんと見てくれているんだ〟と受け取る気持ちも生まれてくるというものだ。

想像から生まれるコンセプト
～ワクワクを実現するために

人というのはごくごく単純なもので、なにをするにせよ、それが〝楽しそうだな〟と思えるものであれば、ワクワク感が生まれ、逆に〝それって、どうなの!?〟と思えるようなことであれば、あまり気分は盛り上がらない。

コンセプトも同じこと。だから〝こんなチームにできれば、活気が出そうだな〟と、**想像しただけでワクワクする情景**をコンセプトにすることをオススメしたい。

そしてその情景を実現するために必要と思われる要素を具体的に洗い出していくのである。

たとえば〝チームのみんなが助け合ったりだとか、みんなが笑顔で、失敗を怖れず前向きに一生懸命練習している姿を想像するとワクワクする。一方で技術向上をめざして自分で勉強していくような意識の高い選手が増えていくようなことが理想だな〟と考える。

そういった理由をひと言で言い表すとすれば、「笑顔」であり〝常に笑顔で、前向きに〟という意味を込めて「**常笑**」という言葉になるだろうか。

そして、その情景を実現させるためにはどういう指導をしていくべきかを考えるのだ。〝「常笑」チームをつくるのに怒鳴り散らす指導はふさわしいだろうか……。いや、前向きに取り組む姿勢をつくるためには、上手く褒めることが必要だろう〟というふうにしていけば、指導スタイルも、指導するうえでのメンタリティもかたちづくられていくだろう。

高校野球を変えた〝超攻撃的〟コンセプト

80年代の甲子園を席捲し、〝高校野球を変えた〟とまで言われる池田高校についてこんな話がある。

当時、部を率いた蔦文也監督（故人）は、打って打って打ちまくる超攻撃的な野球を展開し「攻めダルマ」と呼ばれた名将だが、実は蔦監督は、もともと緻密な野球を展開するチームづくりを行っていたことをご存じの方も多いだろう。

しかし、僅差の展開で試合終盤まで接戦を演じながら、最後はホームラン（もしくは長打）で逆転負けという苦い思いを何度も味わううちに、〝だったらこっちがホームランを打って、勝てるチームをつくればいい〟とベクトルを変更。蔦監督の指導の下で「やまびこ打線」の中心軸を担った水野雄仁さんによると「練習は、最初から最後まで打撃。キャッチボールもしませんでしたから」と言う。くわえてパワーアップするために、当時の高校や球界ではあまり取り入れられていなかったウエイトトレーニングを導入するなど、攻撃的な野球を展開するための具体策を選手に示し、チームをつくり上げていったのだ。

これなどは一見極論のようにも見えるのだが、その実、非常に明確なコンセプトと、そのための手法といえるだろう。

〝ストレス〟を書き出す

部活を指導する中で、強くストレスに感じることを書き出してみるのも、コンセプトをつくる過程において大切なことだ（これは部員に書き出してもらうのも有効な手だ）。

たとえば時間にルーズな部員に指導者がストレスを感じていたとする。部員の中からも時間を守らない部員に、やはりストレスを感じているようであれば、それを「**メリハリをつける**」「**オンオフの切り替え**」といったコンセプトに組み込むのである。

あるいは練習中にどうしても部員に対して怒鳴ってしまうことが自分自身でもスト

レスになっている指導者というのも、ままいる。もちろん部員側からしてみても、ミスしようと思っていたわけではないのにミスで怒鳴られるのは大きなストレスだ。ミスで怒鳴られたくないから、思い切ったプレーもできないし、ミスしたあとも〝もう一丁！〟という気にはなかなかなれない。これなどは典型的なルーズ・ルーズの関係であるから、そんなものはないほうがいいに決まっている。

であれば、それを「**チーム一丸**」といったコンセプトに盛り込むのだ。部員がミスをしたら、怒鳴るのではなく、盛り上げる。そこで部員に〝もう一丁！〟と言えるような雰囲気づくりをめざすのである。そんな声が部員間でも出てくるようになれば活気が生まれ、一体感が生まれる。それをめざす意味での「チーム一丸」というコンセプトを立てる……といった具合だ。

大切なことはコンセプトが指導者の〝片思い〟にならないようにすることだ。

〝指導者も、そう思う。部員も、そう思う〟

それをコンセプトとして立てることができれば、ある意味、ウィン・ウィンの関係が成り立つ。部員も取り組みやすいというものだ。

〝これが当たり前〟という固定概念を捨ててみる

日本の部活には、その競技特有のしきたりであったり、学校特有のしきたりのようなものがあるのが通例だ。現場を見ていると、良くも悪くも伝統という名の下に根強く残っている〝あれや、これや〟は、いまだに多いと感じるのである。

挨拶の仕方ひとつをとってもそうだ。伝統校、特に長年に渡って強豪校であり続けている部などは、言葉は適切ではないかもしれないが、いまだに軍隊のそれと見まがうような、直立&頭を下げる角度は60度、声は腹の底から張り上げて……的な〝挨拶法〟が少なくない。もちろん、選手たちは先輩からの伝統を引き継いでいるわけなのだが、果たしてそれが本当に、高校生としてふさわしいものなのかどうかというと、正直に言えば、違和感を感じることのほうが多い。

逆に、多少ユルいながらも、ごく自然に「こんにちは!」と微笑みながら〝声がけ〟してくれるような挨拶のほうが、こちらだって返しやすい……と個人的には思うのだ。

そんな、しきたり重視で伝統は疑問を持つ前に〝当たり前〟という風潮では、コンセプトも〝そんな程度のもの〟になりかねない。そして、それでは新しい風は吹きにくい。

であれば、ほかの部活動などのコンセプトとその中身を調べてみて、**〝これをうちの部に当てはめてみると、どうなるか〟**といった柔軟な発想を持ってみてもいいだろう。

前述した「常笑」というコンセプトなどは、まさにその好例だ。

この言葉を私が最初に耳にしたのは甲子園に出場した某高校のスタンドレポートだったと記憶しているが、今ではサッカーなどほかの体育系はもちろん、吹奏楽部などの文化系の部活でも掲げられている。

なにかと比較されやすい野球とサッカーの髪型も〝伝統〟のひとつ。野球部でも近年は「坊主頭でなくてもＯＫ」という学校も徐々にではあるものの増えてきているが、その扱いもチームの方向性という意味ではコンセプトのひとつとなってくる。

野球とサッカーでいえば、練習着にも大きな違いがある。野球部では大体、同じユニフォームを着ているが、サッカー部では海外のプロチームのレプリカだったり、Ｔシャツだったりと、見た目の自由度は高い。そのほかでもたとえばチアリーディング部やダンス部など、近年（というほど最近ではないが）人気の高い部活動も、練習着は比較的自由だ。統一と自由、どちらがいいというのはそれこそ部員に聞いてみないとわからないが、そんなこんなも含めて部員の意向も踏まえつつ、新たに取り入れてみようかな……ということを前提に、柔軟な発想で情報や〝流れ〟を摑むこともコンセプトづくりには欠かせないことだと考える。

それぞれの学年に、それぞれのスローガンを

部活動を学年別に見てみると、1年生はまだまだなにもわからないところからのスタート。2年生はいわば中間管理職的な立ち位置で、上も下も見る必要がある。3年生は〝統括〟する立場であると同時に、一個人として自分に集中できる立場で部員としてやるべきことは身についている立場にある。

そんな、立場も経験も違う3学年が同じスローガンというのも、ちょっと不思議な気もするのだ。めざすコンセプトを達成するために、むしろ、それぞれの学年によって違うスローガンが出てくるのは当然である、と思うのだ。そこに柔軟に対応させる

ことと、自分たちに高い意識を持たせるためにも本人たちに、それぞれの学年で、考えさせてみてはいかがだろうか。

ある高校の野球部に、こんなスローガンがある。

『5無』で「ごむ」と読むのだが、このスローガンのいう、5つの「無」は次の通りだ。

①**無理**はしない
②**無学**はしない
③**無駄**はしない
④**無礼**はしない
⑤**無二**になる

これだけでも個性とこだわりは十分に感じられるのだが、さらに面白いのは、この『5無』は全学年に対して掲げているわけではなく、各学年の時点で身につけてもらいたいことをスローガンに掲げていることだ。

具体的には、①②は入部した1年生のためのスローガン。張り切りすぎて、あるいはなんとか先輩たちや同学年のライバルについていこう、負けないようにしようとして無理をしてしまいがちな1年生へのメッセージと、何事においても最も大事な〝学ぼう〟という姿勢を身につけさせるために掲げたものだ。
③④は、中だるみになりがちな2年生のためのスローガン。ダラけることで時間を無駄にしたり、人に対する謙虚さを忘れてもらいたくない、という思いが込められているという。
そして①~④をクリアして最上級生となった3年生には、自分独自のもの（意志、目的など）を持って最後の1年を迎えるように……ということをめざして掲げたスローガンなのだという。

こういう素晴らしいスローガンを参考にしてもらっても、面白いと思う。

Chapter 3

コミュニケーションのとり方

把握しておきたい、選手の「好き・嫌い」

最近の10代は、様々なことに対する抵抗力が弱いように感じられることが多い。ちょっとしたことで〝この人、苦手……〟とされてしまう。そうなると、こちらがいくら〝心を開いて〟みたところで、あちらは〝カベ〟をつくってしまい、まともに取り合ってくれないことになる。

それを避けるために……というわけでもないのだが、ある程度、部員（たち）の嗜好を把握する必要はあるのかな……と思うのだ（選手のご機嫌伺いでは決してない。あくまでも嗜好の把握とコミュニケーションのための〝ネタ探し〟である）。

まず確認しておきたいのは、両親（指導者が男性なら父親、女性なら母親）の〝好きなところと嫌いなところ〟だ。大事なのは悪口ではなく、その理由だ。

たとえば「すぐに怒る」「いちいち干渉してくる」「全然話をしてくれない」「話が一方的で、こちらの話は聞いてくれない（話が噛み合わない）」といった理由が挙がるとする。それはそのまま選手の嗜好や性格的な部分の把握にもつながるし、いい意味で選手の違った一面、〝そんな考え方を持っていたのか〟といったことにも〝出合える〟かもしれない。そうなると儲けものだ。

また、その嫌いな部分が自分とカブっていないか、という比較対象（反面教師）にすることもできる。

ちなみに、〝好き・嫌い〟ネタはなんにでも応用できる。好きな選手・嫌いな選手、その理由。好きなプレー・嫌いなプレー、その理由。好きな歌・嫌いな歌、その理由。好きな食べ物・嫌いな食べ物、その理由。好きなテレビ番組・嫌いなテレビ番組、その理由……といった具合だ。

会話は〝短く・多く〟がモア・ベター

現代の10代は長いセンテンスに弱いと感じることが多い。理由は多々あるのだろうが、その最たるものはＬＩＮＥ慣れだろう。ＬＩＮＥでの短いやりとり、対話を繰り返しているからか、長いセンテンスで話していくと、途中で思考回路が停止したり、頭の中が混乱して集中力が切れてしまいがちになる。

〝長い〟は〝ウザい〟のだ。

そもそも、現代の10代は友だちとの会話も少なくなっているのは間違いない。電車の中を見ていてもそれは感じられる。友だち同士でいるにもかかわらず、電車に乗った瞬間、あるいは座席に座った瞬間、彼ら、彼女たちが出すのはスマホである。会話をしたとしても、それは、今操作しているスマホアプリやゲーム、動画などに関するものだ。一緒にいるのにスマホがらみの会話以外はほぼないと言っていい。そんな環境で育ってきた彼ら、彼女たちが長い話に対応しにくいのは当たり前のことなのである。

であれば、こちら（指導者）からなにかを伝えるときも、やはり短いセンテンスで伝えていけるようなコミュニケーションに変換するよりほかはない。

〝短く、簡潔に〟

これしかない。

言いたいことが、たとえば3つあったとする。

であれば、3つをまとめて簡潔に……ではなく、〝1回につき1ネタ〟を推奨したい。

仮に、注意しておきたいこと（注意すべきこと）が複数あっても同じこと。一度にすべてを伝えるのではなく、ひとつ言えば、もうひとつは次。さらにもうひとつあれば、それはまたさらにその次。

めんどうくさいようだが、考えてみれば、3回、該当部員と会話の機会を持てるとポジティブに考えたい。そのほうが、こちら（指導者）ではなく、あちら（部員）が吸収しやすいのだから、割り切るしかないのだ。

長い話はNGだ。短い話を、ちょろちょろと回数を増やす。

今の10代には、そのほうが〝届く〟。指導者が伝える言葉というものは、指導者の自己満足のために話をするのが目的ではなく、あくまでも〝部員に伝えるべきことが、部員に伝わる（部員が理解・納得できる）〟かが、一番大きな目的なのだから、〝届く〟可能性の高い手法を用いるべきなのだ。

営業をしない営業マンの極意に学ぶ

一般社会でのことだが、こんな話がある。

あるシステム管理会社の営業部のこと。営業であるから、当然、いろいろな会社を訪問してナンボというのが〝普通〟の考え方であろうが、この会社は営業マンの訪問を一切禁止、その代わりに行ったのが、情報や〝ご用〟を伺うためのメールによる接触頻度を増やすこと。これによって、業績が飛躍的に伸びたという。

また、こんな話もある。

ある企業の営業部で、売り込み先となる商店街を回る際、それまでは一軒一軒（というかそれが当たり前だったのだが）自社製品の売り込みを行っていたのだが、あるときからそういった〝営業〟を廃止、営業マンは世間話や天気の話だけで通り過ぎて行くというスタイルに転換。すると、なぜか業績が伸びたというのである。

皆さんにもこんな経験はないだろうか。学生時代、あるいは勤務先などで、特に接点はなかったのだが、挨拶だけは欠かさず交わしているうちに、その人と親しくなっていた……という経験が。

それと同じこと。焦ったり、急いでしまうと、〝押し〟の気持ちが強く出すぎてしまって、相手もプレッシャーを感じてしまい、結果として拒絶されてしまった。これでは意味がない。

長い話をする必要など、ない。短い言葉で簡潔に伝える。

その回数を増やす。〝**挨拶＋ひと言**〟、それでも十分。

この回数を増やすことが、その後の会話の入口となるのだ。

相手が話したくなる、こちらの姿勢

たとえば、戦術的なことについて選手と話をする際、いきなり指導者から「戦術とは」的な話をするのでは、言ってみれば講義や授業のようになってしまう。講義や授業を否定するのではもちろんないのだが、それではコミュニケーション要素は少なく、選手たちとの〝やりとり〟は成立しない。

〝選手たちの意見や考え方を知りたい〟〝選手たちに、もっといろいろなことにアンテナを張ってほしい。そのうえで選手たちとともに、自分たちのベクトルの方向を決めていきたい〟というのであれば、次なる手立てが必要だ。

どうするのか。

サッカーであれば、たとえば現在の日本代表の戦術について、選手たちはどう考え、どう見ているのかを聞いてみるのだ。

「みんな（1対1で話すのであれば個人名）ならどうする？」「どう考える？」「キミが監督だったら、どうする？」と。

たとえ選手の答えがありきたりなものであっても、途中で話を打ち切ったり、軽く流してしまうと、選手もそれ以降は話をしたくなくなるだろう。指導者の側も〝まぁ、それほど興味深い話は出てこないだろうな〟的な〝偏見〟を持ってしまっていては、選手の答えの中に独自性を見出すことはできないだろう。

だから、どんな話（意見）の中にも、〝なにか面白い見方、考え方、捉え方があるかも（隠れているかも）〟という意識で話を聞こうとする姿勢が大切だと考える。

そうすれば、相手も真剣に考える。もっと言えば〝監督が僕の（私の）意見を聞いてくれている〟となれば、選手のモチベーションも上がってくる。そうなると、コミュニケーションも円滑になりやすい。

「僕なら（私なら）こうします」と言えば「なんで？」と返す。そうしたやりとりの中から選手の考え方や、〞え？　この選手はそんなこと考えていたのか!?〞〞そんな発想を持っているんだ〞という発見だってあるかもしれない。そうすれば、その後のコミュニケーションにもまた生きてくる。

そのうえで、指導者としての意見も相手に伝えるのである。その中で、指導者なりの戦術の意味やキモといったところに話を展開できれば、選手のアンテナもパッと向いてくるというケースは、けっこう多い。

繰り返しになるが、一方通行的な指導では、選手も受け身になってしまい、そこから選手の個性であるとかアイデアというものは育ちにくい。

コラム

生徒を刺激する、ちょっとした心がけ

　コミュニケーションをとるにあたって、日頃から心がけてみてもいいかな……と思うのが、〝置き換える訓練〟だ。

　たとえば、授業で物理学を教えているのであれば、〝**野球のボールが遠くに飛ぶ角度は何度なのか**〟といったことを導入部分にするのである。そこから理想的な角度、軌道、スピードを求めるのと、ただ授業として数式だけを並べるのとでは、聞く者の興味・関心度は大きく違ってくる。つまりは、〝ああそうか、そういうことなんだ！〟という気づきのヒントを与えることで、生徒のアンテナを広げさせるのである。

　英語などでもそうだろう。たとえば、〝ところで、**左投げはなぜサウスポーというのか**〟〝回の「表と裏」は英語でなんというのか〟〝フットボールは英語だがサッカーは何語?〟といったようなこともネタにできるだろう。

〝**バレーボールはそもそもどこで生まれた競技か**〟といったことは歴史的な勉強にもなる。要は、身の回りのこと・ものと、生徒たちに伝えたいこととの共通項やつながりを見つける習慣を身につけるのだ。これが習慣化すれば、コミュニケーションのネタ探しも、多少なりとも楽になると思うのだ。

苦手なことや嫌いなことでも、好きなこと・得意なことのフィルターを通して見ることによって、見え方も変わり、興味や関心も生まれてくる。そんなものの見方ができるようになると、あらゆるものが、自分の打ち込む競技の上達を深めるヒントとして生かされることも十二分に考えられる。

その都度、その都度、確認をする

コミュニケーション術①

かつて（昭和）の部活では、選手は直立不動で顧問の先生から長い〝訓辞〟をいただくという光景が当たり前だった。その時代ですら、長い長い訓辞が選手の頭に入っているのはほんのわずかなフレーズで、あとは〝ハラ減ったなぁ……。この話、いつ終わるんだろ〟というのが関の山。それが平成から令和となった現在ではなおのこと。ただでさえ、人と面と向かって話すことに慣れていない世代に、長い訓辞が通用するわけもない。繰り返し述べている通り、現在の選手たちに伝えたいこと、伝えるべきことは、「**単文で簡潔に**」が原則だ。これを前提に、あらためて話を進めていく。

選手とのコミュニケーションにおいて大切にしたいのは、〝その**内容の確認**〟だ。

会話の中で選手が口にした内容を、その場で、その都度、本人に確認するのである。

なぜか？

これは現場で感じることなのだが、選手たちは、指導者の会話の流れの中に流されて、なにも考えず（条件反射的）に「ハイ！」と応えたり、〝めんどくさいな……〟〝早く終わらないかな〟といった思いから、あくまでも表面的な、あるいはその場逃れの言い方で「ハイ（心の中では「はいはい」）」と応えるケースが多いのだ。

そんな「ハイ」は〝理解した〟や〝納得した〟というものではもちろんなく、残念ながら、指導者の問いかけ、もしくは指示に共感したのかもわからないと考えるほうが無難である。さらには、そんな「ハイ」では、その後の言動も一時的なものでしかなく、気づけばまた同じことの繰り返しをしていくこととなる。それを〝見つけた〟指導者の心理はどうか。

〝また同じことをやっている〟

〝さっき、「ハイ」と言ったばかりじゃないか！〟

とイライラする。そんな〝やりとり〟はコミュニケーションでもなんでもなく、一方通行の指導であり、命令的通達でしかない。そんな、選手の理解度が曖昧でいい加減なものをそのままにしておいても、お互いにとっていいことはひとつもない。そもそもコミュニケーションが成立していない。

そこで、指導者から選手に対して、「どうだ?」「どう思う?」と確認していくこと、相手側の意志・意向をしっかりと確認していくことがコミュニケーションには必要だと思うのだ。

もうひとつ。

選手に自分の考えた受け止め方を〝発信〟させることは、選手自身の記憶にもインプットされる効果も望める。指導者からすれば、相手側の応えから〝そうか、この選手はそんなことを考えていたのか〟〝意外にしっかりとした思いと狙いがあったんだな〟という発見もあるかもしれない。そしてそんな発見があると、こちら側としても**〝聞く耳の大切さ〟**を実感することができるだろう。さらにはそういった新発見や実感は、その後の〝相手との意志を共有するコミュニケーション〟にもつながっていくのだ。

さらにもうひとつ。

今から10年ほど前になるだろうか、現役プロ野球選手のメンタルトレーナーをしていたときに、こんな話があった。

とあるシーズン前のキャンプでの出来事だ。新監督に就任した監督はこの選手をオープン戦から積極起用するなど、傍から見ても期待されているであろうことは見てとれたのだが、この選手、練習にいつも遅刻してくるという悪癖があった。で、監督の堪忍袋の緒も当然のごとく、ある日ブチ切れ。「お前、やる気あるのか!? このままなら試合には使わないぞ！ メンタルトレーナーのところに行って話を聞いてもらえ！」ということになった。

「せっかくチャンスをもらっているのだから、遅刻なんていう、プレー以外のことでチャンスを潰すのってどうなんだろうな?・」と話を向けたところ、「チャンスをもらっているのはわかっています。ありがたいです」と真面目に答えてくる。「であれば、なぜ遅刻をするんだ?」と再度確認してみると「朝、起きられないんです!」と言うではないか。

そしてその理由を問うたところ「目が覚めないんです」。「めざまし時計が鳴れば、目は覚めるだろ?」「僕、めざまし時計、かけてません」それでは遅刻も当然だ……というか〝なんと稚拙な理由なんだ……!!〟。それでも気を取り直して、「であれば、〝めざまし時計をかける〟と書いた紙を壁に貼って、〝よし、めざまし時計をかけたぞ〟と指さし確認して寝なさい」と、まるで母親のようなアドバイスをしたのだ。

こんな初歩的な、小学生ばりの稚拙なオハナシなのだが、この選手はそれ以来、遅刻はしなくなったのだ。

なにが言いたいか。

〝遅刻はするな!〟と怒鳴れば、あとは本人次第。それでもいいのかもしれないが、どんなことであれ、根本的な原因は、一方的ではないコミュニケーションの中から見えてくることもある。そして、その根本原因が（指導者からすれば）どんな稚拙なことであれ、その原因に選手と指導者とで一緒に**向き合う（コミュニケーションをとる）ことで解決法が見つかる**こともあると考える。

“自分たちの頃は”は反発を買うだけ

コミュニケーション術②

「俺たち（私たち）の頃は○○だった」
「俺たち（私たち）の頃はもっと厳しかった」
「俺たち（私たち）の頃は○○が当たり前だった」

これらは比較的、利用しやすいフレーズだ（だからこそ、使いたがる指導者が多いのだろうが）。

ただこれ、そもそも自分たちも、過去に指導者から聞かされてきた言葉ではないか。

そして、そのとき、自分はどう受け取っただろうか。

ちなみに、今の10代の選手たちに、そのフレーズをどう思うかと尋ねたところ、「なんか、今の僕たちを否定しているように感じます」といったネガティブな受け取り方が多かった(私たちの時代もそうではないか。「お前らは甘い」と言われているような気分ではなかったか)。

さらに言えば、心の中では〝へぇ、そうなの……。でも俺ら、先生たちと歳一緒じゃないし。時代違うし〟で終わってしまう。

そんな話を、とある指導者にしたところ「いや、私はそんなつもりで言っているんじゃないんですけどね。単純な昔話をしているだけで……」と言うのだが、それでも練習の場においては、相手側の受け取り方は同じこと。

思い返せば〝我々〟の部活のときもそうであったし、社会人になったときもそうではなかったか。ひと回り以上歳が離れた上司から、「最近の若いもんは」だとか「俺らの頃なんて○○は当たり前だったのに」だとか。それを聞いてどうだったか。〝知るか、そんな過去のこと!〟ではなかったか?

気をつけたいのは意図せぬ否定
コミュニケーション術③

「言いたいことがあれば、なんでもいいから私（監督、顧問）に言いに来なさい」と伝えても、選手の側からすれば、それはなかなか言いづらい（行きづらい）ものだ。ましてや、勇気を出して口にしたことを、「いや、それ違うだろ」「間違ってるよ」といったように否定されたりすると、「言ってもムダ。二度と言わない」となってしまう。これは、今の10代に限らず、我々でもそうではなかったか……と思うのだ。

だから、選手が口にしたことは、それがたとえ稚拙な考えであったり、〝非常識〟的な方向に行きそうな内容だとしても話を遮らず、とにかく、一度最後までしっかり聞くことがキモになる。そしてできれば、「自分の意見をしっかりと言えたな」と、意見・考えを表現したことに対して評価をしてあげるのだ。「意見をくれて、ありがとう」というポジティブな声がけなどは理想的だろう。

その後の展開は、まさにそこから。

選手側の意見が素晴らしいものであったり、納得できるものであれば、それを推奨すればいい。

〝間違っている〟〝ちょっと違う方向に行っているかな〟と思ったときは「なるほど、そうか。先生はこうも思うな」と、やりとりを繰り広げてもいいだろう。

ただ、その中でもぜひ、気をつけていただきたいのは、こちら側の〝意図せぬ否定〟だ。

具体的に言うと、「でも」という言葉がそれに当たる。

この**「でも」、言われた側からすれば「全否定」**と受け取れるのだ。

たとえばこんな感じだ。

「そうかぁ、そんなこと考えていたのか。それは面白いなぁ！　でもな……」

これ、選手側からすると〝面白いなぁ！〟と言ってもらえたところまでは〝え？先生が褒めてくれた！〟〝こっちの意見を認めてくれた！〟と気分は一気に上昇するのだが、最後の最後で「でも……」というフレーズが出た瞬間にジ・エンド。〝あっ、やっぱり否定された……〟と全否定と受け取られる可能性大の、危険ワードなのである。「でも」が出た時点で、選手のハートは一気にブルー。〝聞くだけ聞いて、結局、ダメ出しかよ……〟とむしろ逆効果になってしまうと言っていい。

心理カウンセリングの世界でも、気をつけたい言葉なのである。

ではどうするか。

「そういう考え方もいいかもな」「そういう考え方もあるんだな」と、最後まで認めることが大事なのだ。

「でも」がダメなら、どうするか?
コミュニケーション術④

「でも」の言葉、実は多くの人が知らず知らずのうちに連発しているフレーズなのだが、言った側は気づいていない……。では、どう言葉を返せばいいのか。


「なるほど、そう考えているのであれば、こうしたらどうだろう?」

「だとしたら、こういうやり方もあるかもね」

くらいでいい。


「だとすれば、こうだろ!?」は命令・断定になるので、これもいわば否定のうちだ。

しかし「あるかもね」となると、あとの選択は君次第ですよ……ということになる。

会話の中で「先生ならどうしますか?」「どう思いますか?」と聞かれれば「もし先生だったらこうする」と言えばいい。そこまでいけば立派にコミュニケーションは成立している。

また、相手に答えを見つけさせたいのであれば……。

「そんなことを考えていたんだな。それで、どうしようと思う? どうすればいいと考えている?」

あるいは「……であれば」や「……ということは」と言葉をつなげていってもいいだろう。

「間違い探し・あら探し」をやめる

コミュニケーション術⑤

指導者というのは、ともすると〝指導することが仕事〟という認識が強くなりすぎてしまい、相手の話を聞きながらもどこか〝間違い探し〟の意識が働きがちになるものだ。それでは良好なコミュニケーションは生まれにくい。

ではどうするか。

時に〝いい聞き手〟になるのだ。

前述した「でも」と同じようなもので、話の途中で割り込んだり、話を急かせたり、相手が話し終わらないうちに質問したり……ということのないようにするのも大切なことだ。

相手の話を聞く間は、相手の話に対する反論を考えながら聞くのではなくて、話を完全に理解しようとする姿勢で聞く。「いや、そんなことわかってる」と言われるかもしれないが、(誤解を恐れずに言うと)先生という立場の方には、間違い探し・あら探し的な意識＝職業病にも思えることが意外と多いのだ。

繰り返しになるが、コミュニケーションというのは相手のミスを正すのではなくて、まずは相手のことを、受け入れることからはじまるのである。

〝わかっているだろう〟ではなく〝わかっていない〟を前提に

コミュニケーション術⑥

監督と選手の年齢が近ければ、感覚や思考のパターンにも近いものもあるのだが、年齢が離れてくると、なかなかそうはいかないのが現実だ。いわゆる世代間ギャップというもので、これが世代の離れた指導者と選手の間には、どうあがいても存在してしまうものだ。

たとえば、〝指導者からこういうふうに言われれば、理解できるはず〟という錯覚もそのひとつ。その錯覚に陥ってしまうと、実は理解できていない選手たちの言動が、指導者にとっては不思議なものに映ってくるわけだ。

世代間ギャップの少ない、若い指導者にも結局は同じことが言える。20代の指導者と40~50代の指導者とでは、若い指導者は選手との間の年齢差が狭い分だけギャップが少ないのは間違いない。ただし、大学を経て職業として教員、指導者をしている者と中高生とでは経験と感覚はまったく違うはずなのだ。たとえば、5歳年下の弟や妹(あるいは親戚筋)がいる場合などはわかりやすいかもしれないが、そのくらい年齢が離れていれば〝いろいろなことが全然違う〟のが現実ではないか? ところが、若い世代の指導者はベテランの教員・指導者と自分を対比させることで〝自分たちは選手に近いのだから、大部分でわかり合えているはずだ〟という錯覚に陥ってしまう側面もあるのだ。

もうひとつ。

これは〝会話の罠〟と言ってもいいのだが、人というのは不思議なもので、会話を続けていると、ついつい相手と自分の理解度を同等くらいに錯覚してしまい、ここでもやはり〝わかっているだろう〟と思いがちになるものなのだ。だが、現実はそうではない。

ではどうするか。

選手と話すときには〝相手はわかっているだろう〟ではなくて、常に〝わかっていない（伝わりにくい）〟という前提に立ち、世代と立場の違う選手にどう話せば伝わるのか……ということを考え続けながら話していくようにするよりほかはない。

これは中高生にとっては失礼な言い方になるのかもしれないが、場合によってはそれこそ小学生に伝えるくらいの気持ちで、丁寧に、噛み砕いて話をしていかないと今の10代には伝わりにくい。小学生では極端であれば、たとえば部活体験に来た中学生に話す（説明する）くらいの感覚でもいい。

実は、これは部活動どころかプロ野球の世界のことなのだが……。

某球団のI監督（当時）と話をしていると「俺、プロでも長く現役を務めて監督になったんだけど、プロ野球選手になってるヤツは、基本的にこのくらいのことは当たり前に意識していたり、理解できていると思って話をしていたんだよ。でも、今の時代はそういう部分（認識）を全然持っていない子たちも多くて、こっちが常識だと思って話していたら、まるっきり常識じゃなかったりして、話やこっちの意図がホントに通じないんだよ。だから、小学生向けの野球教室じゃないけど、（プロでも若手には）それくらいの子を相手にしているんだ……と思って話をするくらいがちょうどいいんだよな」と言うのだ。

プロ野球の監督と、若手とはいえプロ野球選手との間ですらそうなのだから、中高生を相手にするとなるとなおさらギャップは大きくなる。

つまりは **〝こちらの常識〟は〝あちらの常識〟であるとは限らない**ということ。こっちが理解しているだろうと思っても、相手は１００％どころか50％も理解していなくてもなんの不思議もない……ということを前提に話さないと、ボタンの掛け違いがおきてくる。そう考えてコミュニケーションを心がけてみてはいかがだろうか。

選手との溝を深めるネガティブ・コミュニケーション

指導者には、指導者という立場にあるプライドが内在しているのが常だ。それが時として、選手との会話の中でも無意識のうちに〝負けたくない〟という意識が生まれ——これは知らず知らずのうちに、なのだが——最終的には打ち負かしてやろうとか、押し切ってやろう、相手よりも上に立ってやろう……となっていくものなのである。

そういう思考になると、不思議なもので発している言葉も攻撃的なものになりがちで、たとえ途中で〝あれ……。もしかしたら自分のほうが間違っているのかな……〟と思うようなときでも相手を抑え込もうとしてしまう〝悪い部分〟が顔を出す。これが重なると、選手の側は〝こっちが話をしても、どうせ最後は監督の言いなりになるんだろ〟という諦めを含んだフラストレーションを溜め込んでしまう結果になって、コミュニケーションが成り立たなくなってしまうのだ。

そうなってしまっているのだろうな……という現場を、幾度となく見てきた。それが偽らざる現実だ。

そういった指導者の主な口癖はこれだ。

「俺の言う通りにやっときゃいいんだよ」

「やっぱり、なんもわかってねぇな」

「ほらね、言った通りだろ？」

「高校生（中学生）のお前らにはわからないかもしれないけどな」

「違う！」

これではコミュニケーションなど成り立たない。傍から見ていて思うのだ。〝選手と会話の中で勝負する必要なんてないのに、なぜ、会話で打ち負かそうとするのだろう……〟と。この言葉をもらった（浴びた）選手の側に立つとどうだろうか。もし、その言葉を自分が選手の立場で言われたとすれば、選手側はこう思うのではないだろうか。

〝わかってないのは、監督のほうだろ〟

〝「言った通りだろ」って、そんなの完璧にできるわけないから、こっちは練習してるのに〟

〝高校生の俺らにわからないのは、わかるように指導して（伝えて）いないからじゃないの？〟

……と。

そんなやりとりはコミュニケーションのうちには入らない。選手との溝を深めるだけである。

相手を打ち負かすのではなく、受け止めたうえで会話しない限り、相互の信頼関係を深めることはできないのだ。

指導者とは、見栄を張りたくなってしまう生き物である

指導者は、これもやはり「指導する」という立場からなのだろうが、日頃から、〝こうあらねばならない〟とか、〝こうであるに違いない〟という断定的思い込みにとらわれがちだ。

なぜか？

先生や監督という立場は、たとえば、学校が変わったり、立場が変わったり、担う役割が変わる際に、知識や経験が十分ではないにもかかわらず、「上に立つ人間としての指導」を生徒・選手や保護者、周囲に求められるからだ。新人の監督でも顧問で

も部長でも、〝指導者としてどんなことに対しても応えられなきゃならない〟といったような錯覚に陥ってしまうのだろう。

そうなると、自分が知らないことを認めることができずに、言葉は悪いが、なにかと、ついつい見栄を張りがちになる。無理をして、知ったかぶりをして、その場をなんとか乗り切ろうとしてしまう。

しかし、そんな付け焼き刃的な対応では、あとあとになってボロが出るのは必然だ。選手たちにだって、そんなことは見破られているだろう。それでもなお、虚勢を張るのであれば、選手とのコミュニケーションはどんどんとりづらくなり、やがては「裸の王様」でしかなくなってしまう。

であれば、常に「指導者」ではなく、「一人の人間」として存在したほうが、よっぽど楽ではないか。

そもそも、指導者だって世の中すべてのことを知っているわけではない。〝知らないものは、知らない〟のだ。生徒から尋ねられたことで、わからないことがあれば、「それは知らない（笑）」でいいのだ。そして、その内容が尋ねてきた生徒・選手に対して、知らせるべき内容なのであれば「調べておくよ」でオーケーなのだ。あるいは「○○先生なら知っているかもしれないから、聞いておくよ」ということで、なんら問題はない。

〝指導者だから、知らないでは済まされない〟ということは、ないのである。

知らなくて知ったかぶり、それが生徒にバレてしまい、生徒からの信頼を失う指導者と、知らないことを素直に認めて、その後の対応でキチンと応える指導者とでは、その後、どちらが生徒といいコミュニケーションをとることができるだろうか。

〝聞くは一時の恥、聞かぬは一生の恥〟。

下手に見栄を張ると選手に見破られてしまう!!

ミラーリング効果を上手に活用してみる

ミラーリング効果という言葉をご存じだろうか。これは心理学の世界ではよく使われる言葉で、「同調効果」とも「姿勢反響」とも呼ばれているものだ。

好意を持つ相手の仕草、表情や動作を無意識のうちに真似てしまっていたり、自分と同じような仕草や表情をする相手に好意を抱く効果のことで、多くの心理学的研究によって、優秀な成績を収めている営業マンや販売員は、顧客の仕草や表情をミラーリングする傾向が高いという結果も出ていることからも、コミュニケーションには非常に有効な手段なのだ。

つまり人は、無意識であるか、意識してのものかに関わらず、相手を真似るという行為を「相手に対する尊敬や好意の気持ちを表現したもの」と認識し「自分の仕草を真似る人は仲間であり、味方である」という認識を、無意識のうちに持つわけだ。

たとえば……。

◇相手の話し方や表情を真似する：これは特に〝使いやすい〟。相手が「そうなんだよ〜」と困ったような声で、困った顔をしたならば、「そうなんだ〜」とこちらも同調したように、困ったような声で、困った顔をする。

◇相手が腕を組めば、自分も腕を組む：「う〜ん」と相手が唸りながら腕を組めば、こちらも唸るように「そうか〜」と言いながら腕を組む。

◇相手が喜んでいるときに、自分も一緒に喜ぶ：「先生、こんなことがあったんですよ〜！」と笑顔で話しかけてくれれば、こちらも「どうした！ なにがあったんだ!?」と笑顔で返す。

……といったように、選手とのコミュニケーションの中で、**選手がしている態度や姿勢や表情と、自分自身の表情や態度などをリンクさせていく**のだ。

選手の不満や不安に同調するのも技術のひとつ。

たとえば……。

「練習しているのに、どうしても結果が出ないんです」という選手には「う〜ん、その気持ちはわかるぞ」。

いい結果が出て、選手がホッとした表情をしているときは「よかったな〜」とこちらもホッとしたような表情をする。

「最近、1年生の動きにキビキビ感がないんですよね……」といった上級生の悩みがあれば「それは困ったなぁ。どうすればいいかなぁ」といったようにだ。

そうすることによって、前述したように、相手は〝こちらの話を聞いてくれている〟、あるいは〝こっちの言っていることに興味を示してくれている〟と感じ、話をする意欲につながってくるというわけだ。

それこそ〝私たちの時代〟を想像してみてほしい。

たとえば、グラウンドでもそうだし、職員室でもそう。選手が指導者に話を聞いている情景といえば、選手は直立不動、指導者はイスに座ってふんぞり返っている情景が浮かんでこないだろうか。これでまともなコミュニケーションが成り立っていただろうか。いやいや、そもそもコミュニケーションをとるスタイルではないではないか。

指導者にとっても選手にとっても大事な話をするときは、もし自分がイスに座っているのだったら、相手もイスに座らせて**同じ目線**で……というふうに、そういうところからリンクさせていけば、こちら側も、あちら側も、より話しやすくなるだろう。

Chapter 4

モチベーションの上げ方

「指摘者」ではなく、「指導者」であるために……

スポーツ指導者を悩ませる問題は多く様々で、新しい事項も次々出てくる。特に、選手との関わり方が大きく変化してきていることを度々実感する。

ただ一方で、「指導者」ではなく「指摘者」が多いというのも見逃せない事実だ。「指摘」とはつまり、「○○はダメだ！」「○○ができていない！」というようなことである。これは、たとえば「ファン」が、贔屓《ひいき》チームの選手のミスに対する「指摘＝ヤジ」と同じではないか。指導者自身の喜怒哀楽を選手にぶつけているだけではないか……と思うのだ。部活の現場において、そんな指導者を見ることは、実に多い。

選手の立場からすると、どうだろう。練習中にそう言い続けられている様子からは、〝気が滅入っているのかもしれない〟と受け取れる、負のオーラが感じられるのだ。そこで追い打ちをかけるように「何回言われたらできるようになるんだよ！」などと〝指摘〟されようものなら、〝今に見てろよ！〟という反骨心がムクムクと沸き上がる……のではなく、現代の10代は逆に萎《しぼ》んでしまうのがスタンダードだ。これでは指導は立ちゆかない。

そもそも指導者とは、指導を受ける側に理想形を指し示して、その理想形に導いていく立場にある者をいうのではないか？　悪いところばかりをクローズアップ（これが「指摘」である）するのではなく、どうすればできるようになるのか、その方法・計画・予定といったことを示して導くことこそ、指導者の役割ではないか。

そしてその過程で選手が懸命に取り組んでいれば、たとえ上達のスピードが遅くても、飲み込みがスムーズでなかったとしても、良い点＝頑張りや姿勢を評価するのだ。理想形にはほど遠いとしても、ほんのわずかな成長（いいところ）が認められた（見つけられた）のであれば、「少しできるようになってきてるよ！」と〝認める〟のだ。その積み重ねが選手の前向きな姿勢につながっていくと思うのだ。

それでもなお「できない」と指摘するのであれば、どうすればできるようになるのか、その方法を示して導くよりほかはない。目についたところをその都度、断片的に伝えるだけでは選手たちは自分の全体像や未来像が見えにくく、〝自分たちは、どこに向かっているんだろう……〟といったように〝迷える子猫ちゃん〟状態になってしまい、そうなると、ただ、指導者に言われるままにメニューを消化し、練習をこなすだけになってしまう。

そうでなく、最初に**ゴール地点を定めて、そこに行くまでの方法論を示してこそ「指導者」**ではないか。くわえて言うなら、その方法論で自分がこの選手を、どういう予定で、どういう計画で育てようとしているのかも、具体的に相手に伝えるべきだろう。〝上〟から命令されたから、どんな効果があるのかもわからない兎跳びを続けるような時代ではないのだから。

長い目で見る、〝待ちの姿勢〟を大切に

現代はなにをするにしても早く結果を求められる時代だが、指導においては、しっかりと〝待ちの姿勢〟を大切にしたい。

それはコミュニケーションにおいても、重要なファクターであることは前項でも述べたが、選手が取り組んでいる練習に対しても同様だ。

どんな競技でも、追い求めたい、理想としたいフォームがある。その理想に向かって取り組みはじめたのであれば、すぐに結果が出なくても（指導者から見て、それが間違っていない取り組みであるならば）じっくりと、継続して取り組むことを奨励することもそのひとつ。

体幹を鍛えるトレーニングを実施しても、周りと比べてなかなか効果が表れない場合もある。しかしそれが正しい取り組みであると判断し、実行しているものであれば、相手がモチベーションをなくしてしまわないよう、指導者は選手の取り組み姿勢を評価し、後押しする必要があるのだ。

そもそも、コツを摑むためには次々といろいろな取り組みを試すよりも、ひとつのことを繰り返して行うほうが、身体の使い方の意識が分散しないため、摑みやすいということもあるのだから。

そういった、**〝待ちの姿勢〟はやがて、選手との信頼関係にもつながってくる**と考える。

「追い込む」のか、「乗せてあげる（前を向かせる）」のか

現代の10代は、否定されることを特に嫌う傾向にある。振り返れば〝昔〟〝我々の時代〟もそうだったように思うが、現代は、その傾向が特に顕著だ。

だからこそ、否定ではなく改善策を指示してあげることが大事になってくるのだ。

「なんでそういう消極的なプレーをするんだよ！」ではなく、「あそこの場面では、こういう動きをすれば、積極的なプレーにつながるよ」というふうに〝提言〟する。

「一歩目が遅いんだよ！」ではなく「追いかけ方はいいぞ。あとは上手くスタートを切る、そうすれば対応できるよ」といったふうに〝提言〟するのだ。

〝疲れるな……〟と思われる指導者の方もいると思う（実際に疲れると思う）が、これは言ってみれば、自身に対するクセ付けにもなると同時に、選手のモチベーションを上げる大切な要素である。

そのためにも指導者は自ら意識改革し、頭の中で**〝○○がダメなんだ〟ではなく、〝（具体的に）こうすればもっとよくなるよ〟**というふうに置き換える考え方を常日頃から習慣づけておくのがベターだろう。

コラム

マイナス要素をプラスに捉える『赤鼻のトナカイ』作戦

物事というのは表裏一体。捉え方次第。特にメンタルという部分においてはその要素が強い。

たとえば性格的に短気な選手に対しては「短気は損気だよ。それはチームのためにならない」という伝え方をするのではなく、「○○はすごく熱い奴だよなぁ。その熱さをチームに生かしてくれよ。生かせると思うし、生かせればチームも変わっていくよ」と。ともすればマイナス要素と捉えられる部分をプラスに捉えることで、対象となる生徒を、いい方向に向かわせる。持って生まれたものをいい方向に生かしていけるように導くのだ。

性格というものは、先天的な要素も強いため、たとえば〝性格を直せ〟と言われても、そうそう簡単に直せるものではないことは周知の事実。であれば、その性格をプラスに導くための考え方を指導者も選手も保てるようにしていきたい……と思うのだ。**性格はすぐには変えられないが、「考え方」というものはその気になれば変わる**のだから。

戦国時代に、こんな話がある。

「勝って兜の緒を締めよ」の台詞で有名な北条氏綱は、嫡男である氏康を〝跡継ぎ〟としてなんとか一人前に育てる必要があったのだが、この氏康はとにかく小心者で、武士にとって必須事項である剣術が苦手であったという。それでもなんとか剣術くらいは……と考えるのが〝普通〟なのだろうが、父・氏綱が氏康に出した指令は「算術を学べ」。

それを聞いた家臣たちは、小心者で剣術のできない氏康を小バカにしてせせら笑っていたというのだが、氏綱はどこ吹く風。むしろ〝将となるには論理的思考力が必要だ〟と氏康に算術を学ばせ、やがて氏綱の目論見通り算術を通して論理的思考力を身につけた氏康は外征に実績を残す策士となって関東を支配。のちに上杉謙信を退け、後世につながる民政制度などを充実させ、政治的手腕を発揮する戦国大名となっていったのだ。

小心というのは、裏を返せば慎重なのだ。〝であればその慎重さをもって、どうすれば戦を損失なく戦えるのかを考えてみてくれ〟。それが氏綱の導き方だったのだ。

これこそ、短所を長所に変えて、なおかつ磨き上げた好例だろう。

歴史に残る冒険家の植村直己さん（故人）も、数々の〝世界初〟を成し遂げながらも、実はとんでもない小心者だったという話も有名だ。小心者であったからこそ、とことんまで事前の準備をし、トレーニングを積み、偉業に臨み、それを成し遂げたのだ。

クリスマスソングでおなじみの『赤鼻のトナカイ』を思い起こしていただいてもいいかもしれない。周りからは、小馬鹿にされた赤鼻も、サンタクロースにとっては暗い夜道を照らす貴重な光源となる……というあれだ。

不要なセルフイメージをぶち壊す

今の10代の選手と会話をしていて、感じるのは〝すごく現実的だな〟ということだ。たとえば「僕（私）なんて、こんなもんですよ」とか「いや、そこまでめざしてないし……」「ぶっちゃけ、センスないし……」といった言葉などはその表れである。〝自分がどの程度のものか〟というセルフイメージを勝手につくってしまっているのだ。

そのセルフイメージがネガティブなものであれば、それは成長の妨げにしかならないから、ポジティブなものに変える指導が必要だ。

目標は、大きいほうがいい。あまりにも非現実的な大目標も考えものだが、小さな枠で考えるのではなくて、**〝みんな、大きな可能性を持っているんだよ〟**ということを選手にことあるごとに伝えて、投げかけることはモチベーションのアップには必要ではないか⁉ 実現するには、目標に対して逆算式を提示する、あるいは一緒に考えて対策・練習法を模索するなど〝今、どうするべきか〟を伝えていけば、選手側も目の前の練習が、意義あるものに見えてくるはずだ。


ある高校陸上部でこんな話があった。女子の選手がこんなことを言ってきた。

「私は背も高くないし、足が短いからストライドが狭いんです。だから、私はほかの選手に比べて不利」

そんなネガティブなセルフイメージが出来上がってしまっていては、伸びるものも伸びない。

そこで、即効性のある、股関節をゆるめるために有効なストレッチを教えたところ、ストライドが20㎝も伸びたではないか。その選手はそこからストレッチに取り組む姿勢がまったく違うものになったのは言わずもがなだ。

不要なセルフイメージを壊し、次を見すえる手立てさえ講じればモチベーションなど、いくらでもアップさせることができるのだ。

任せると決めたら、口出しをせずに任せきる

何事も、一度〝選手に任せる〟と決めたことは、口出しをせずに任せきる。相手を信じて我慢する。これは、指導においての鉄則だ。〝こちら側〟の役割はその環境を整えることだけ。

任せるというのは、選手の〝自立〟を促すということだから、言葉を変えれば「育てる」ということにもつながるものだ。中途半端な育て方では逆に相手を潰してしまう、あるいは自信を奪うことになりやすい。途中であれこれ口出しをすると、相手が自分の責任感を見失うことにもなるし、同時にこちらに対する依存度を増長させることにもつながる。だからこそ、任せる際には「責任感だけはしっかり持つように」ということを伝え、あとは任せた相手に、遂行してもらわなくてはいけない。

任せるということは、突き放すということではない。求められればアドバイスやフォローは当然。ただし、あくまでも選手の側から求められた場合のみ。その際も最小限のヒントを与える程度にとどめなければ、元も子もない。主体は、任せた時点から相手に変わるわけだから、任せるにも覚悟が必要なのだ。……と口で言うはやすし。

この〝口出ししない〟というのは、大変なことだと思う。

なにしろ、中高生だ。〝任せる〟と伝えた当初は〝任された〟という喜びもあるだろうから、意気揚々としているかもしれない。が、なにかほんの少しでも壁にぶつかろうものなら（大人から見れば、何ということもないような些細なことでも）指導者に〝助けてください光線〟を送ってくるかもしれないし、些細なことでとんでもなく長い時間、不毛な議論を展開するかもしれないが、それもまた選手の成長過程。

学校行事などの際に先生からよく聞く話なのだが、生徒の自主性を育てるために文化祭や体育祭の運営を実行委員に一任すると、特にスタート当初はなかなか議論が進まない……というのは、〝あるある〟なのだそうだ。そんなときは、教員が口を挟んだほうが問題は圧倒的に早く解決するのだが、そここそまさに、我慢のしどころなのだ、という。

口を挟もうものなら生徒は自主性を失い責任感も薄くなる。口を挟まれることで生徒に芽生えるのは〝やっぱりダメか……〟という喪失感だ。そうなると先生に対する依存症が瞬く間に復活してしまうことになる。

部活もそれと同じ。言葉を変えればアクティブラーニングの一環だと割り切って、〝こちら側〟はあくまでも一歩引いた立場で見守っていければベストだろう。任せたことが上手くいくかどうかはわからないが、それもよし。そこで任される経験と過程こそが選手の自主性を育て、チームスピリットを育てていくと思うのだ。イメージとしては、**指導者は手のひらで孫悟空を泳がせる三蔵法師**でありたい。長い目で、いい意味での〝上から目線〟、つまり全体を俯瞰して見る目を持てればベストだろう。

「やる気」ってなに？「真面目にやれ！」の真面目ってなに？

現場で指導者がよく口にする言葉がある。それはたとえば「やる気」「本気」だとか「真面目にやれ」「しっかりやりなさい」という言葉だ。それらの言葉はいずれも抽象的なのだが、そんな言葉を使っている指導者は意外に多い。

そしてその言葉を聞くたびに〝「やる気」ってそもそもなんだろう？〟〝「真面目」「しっかり」って？　どういうのが「真面目」で「しっかり」なの？〟という選手の〝声にならない声〟が聞こえてくるのである。

指導者からすると「やる気」「本気」に見えなくても、選手の側からすれば、「俺はやる気あります！」「私は本気です！」なのだ。にもかかわらず、一方通行的に指導者に否定されてしまっては、そこには単なるズレしか生まれない。

ではどうするか？――指導者の考える**「やる気」「本気」「真面目」「しっかり」をできるだけ具体的な言葉で伝える**のだ。

サッカーであれば「（相手に対するプレッシャーを）途中でゆるめたように見えたけど、どうだ？　そこに意図はあったのか？」。

バレーボールであれば「飛びつけばボールを拾えたように見えたが、諦めるのが少し早かったように見えたけど、どう？」。

野球であれば「〝どうせアウト〟と決めつけて一塁に全力で走らなかったのでは？」といったような感じだ。

具体的に言われれば、選手の側だって聞く耳は持つ。逆に、漠然と「やる気ないだろ？」「しっかりしなさい！」と言われても〝いや、俺、本気出してるし〟〝私、しっかりやってるよ！〟という反発心を生むだけだ。

〝褒めて理由を伝える〟という思考習慣をつくる

今の10代は「厳しく」よりも、「大事に」育てられてきていることは、指導者の皆さんも実感していることと思われる。そんな世代を育てるには、千尋《せんじん》の谷に落とすよりも、気持ちを乗せて、盛り上げるほうが伸びる傾向にある。

練習中も意識して、「いいね」「すごいね」「よくなってきたよ」といったポジティブな声がけ（コミュニケーション）を心がけたい……のだが、毎度毎度、同じ言葉の声がけでは選手も慣れてしまい〝褒め〟の効力もなくなってしまう。

ではどうするか？——**なにがどのようによかったのかを具体的に伝えていく。**

たとえばミスプレーであっても、動きの中でよかった部分を評価して伝えるのだ。

野球であれば、内野守備で、ゴロに対して突っ込み気味にチャージした結果、ボールをはじいたとする。それでも「積極的に前に行ったのはよかったよ！　今の忘れずにいこうぜ」。

サッカーでディフェンダーの裏を取ろうとしてパスを出したもののパスカットされても「いいアイデアだ。その考えでいいと思うよ」といった感じだ。

そういった声がけを心がけていくと、こちら側の頭の中も、〝褒めて理由を伝える〟という思考習慣が出来上がってくるため、選手たちを見るうえでも、いいところにもたくさん目がいくようになるという副産物も生まれてくる。くわえて言うならば、ひとつのプレーに対して「俺にはこう見えたけど、今のプレー、一歩目は意識してたの？」「いいじゃないか、○○（有名選手の名前）かと思った」とか「裏を取る意識、最近高くなってきたみたいだね？」「そんなすごいパス、いつ覚えたんだ!?」といったように、相手の意見を聞く機会、次につながるコミュニケーションにもなってくる。

仲間同士で教え合うシチュエーションをつくる

今の10代の選手たちを見ていて感じることのひとつが、指導者側からの一方通行的な指導よりもむしろ、仲間同士で教え合うことのほうが向いているのかな……ということだ。そこで、たまには**生徒を指導者役にしてみる**ことをご提案したい。

〝教える〟となると、その動作などは自分の中で理解しておかないといけないし、理屈を言語化できないと指導は成り立たないから、技術的な部分を頭で振り返る作業も必要となってくる。そしてそれができれば、自身にとって「新たな発見が生まれてくる」という副産物も期待できるだろう。

指導を受ける側も、指導者からの「こうしなさい」という〝指令〟では従うよりほかないが、友だちに教えられるのであればフラットな関係性が成り立つから、その指導内容に疑問、もしくは自身の考えがあれば「いや、俺はこうだと思っているんだけど」「この方がよくないかな、どう思う?」といった感じで、いい意味での反論もしやすくなる。そういった反論・議論を展開できるということで「考える」という雰囲気がひろがり、選手のモチベーションも上がってくるだろう。

とはいえ選手の見る目がまだまだ鍛えられていない段階では、指摘箇所も的確ではないケースが生まれることも否定できない。

80年代に広島カープで活躍した高橋慶彦さんに聞いた話なのだが、実はプロの世界でも、〝ナイス・スイング!＝いい当たり〟という声がけをするコーチが多いという。しかし、実際には〝ナイス・スイング〟をすれば、それがすべて〝いい当たり〟になるとは限らない。大切なのは、その選手に合った、もしくはその選手が追い求めるスタイルに合致したスイングができているかどうかということであり、〝いい当たりかどうかは、結果論〟だというのだ。

そういったことを踏まえたうえで、指導者として選手に指導させることに多少なりとも不安、もしくは不透明な部分を感じるのであれば、たとえばA選手に指導する際は指導者自身が指導の骨子をつくりながらも、B選手（第三者的な立ち場の選手）にも立ち会わせて意見を聞いてみて、3人で話し合いを行ってみるという手もあるだろう。意見を言わせてみるということは、選手側からすれば、〝認められている〟と感じられるから、それは即、モチベーションのアップにもつながると考える。

意見をぶつけ合う時間をつくる

技術的なこと、あるいは戦術的なことなどに関しても、指導者側からの、授業型・講義型ミーティングではなく、テーマを決めて、意見や提案などをグループごとに発表させても面白いだろう。

たとえば、’18年のメジャーリーグで話題になった「フライボール革命」などについて、意見をぶつけ合うのだ。ここでは〝どの発表内容が正解か〟が重要なのではない。内容などは不正解であっても構わない。意見をぶつけ合い、調べて、まとめて、発表するという過程を経ることから生まれるモチベーションや自発的な行為への誘導こそが大きな目的なのである。

よく、指導者の口から「ちょっとは考えてみろ！」的な言葉が出てくるが、「考えろ」と言われたところでなにをどのように考えていいのか、わからないというのが選手の本音だ。しかし、「ひとつのテーマを通して自分の技術、自分たちの技術や戦法などを考えてみよう」と言えば「考えるヒント」には十分なる。

高校野球の名門・Y高校を以前取材した際、こんな指導を行っていた。

たとえばフォーメーション練習では、一応の基本パターンはあるのだが、選手側のインスピレーションなどにより、「フォーメーション、変えてもいいですか？」とリクエストするのだ。これに対して監督も「いいよ、いいよ」の二つ返事。このような感じで選手側の意見も取り入れていくことで考える力、発信する力をつけていこうというのが大きな狙いだ。

選手が主役のミーティングをセッティングする

なにかきっかけ（＝シチュエーション）があったり、指導者にインスピレーションが湧いてきた場合は課題を与えてみるのも、面白い。

野球であれば、「2点差で一死もしくは二死で走者が一・二塁にいたとする。外野守備は浅めにするか、深めにするか？」。

〝普通〟に考えれば深めだろうが、たとえば打者が右打ちであれば左翼だけ下げて深めに、中堅と右翼は浅めにシフトさせるという手もある……というように、いくつかの条件を出したうえで「みんなならどんなフォーメーションを取る？」と投げかける。

そして、案と理由を発表させ、議論をくわえる。

これは、想像以上に盛り上がり、考える〝クセづくり〟にもなる。

人間というものは、面白いもので「つくられたもの」「与えられたもの」をただこなすのは、それはそれでなかなかつらいものであるうえに、慣れてくると単調になってしまうこともある。しかし、選手自身に考えるクセづくりの機会を与えればワクワク感も生まれ、〝やってみよう！〟というポジティブな姿勢にもつながっていくことが期待できる。

〝できないことも、やればできる〟を経験させる

部活動においては、指導者も選手も、練習でできないこと、〝成功率〟が低いことは〝ダメ〟なことだと思っているフシがあるのだが、単純に言ってしまえば、できないことは、時間をかけてでもできるようにすればいいだけのことである。

なぜなら、部活動はプロ活動ではないからだ。**本当にダメなことは、できないことではなくて、やる気を失ってしまうこと**である。

そのやる気を失わないためには苦手としているプレーに対して、ネガティブなイメージを植えつけないような指導が大事なのだ。

「できないことはダメ」なのではなく、「できないことも、やればできる」を経験させて、自信を持たせるのである。それこそが指導者の〝腕の見せ所〟なのではないだろうか。その練習の繰り返しで「上手くなっている」ことを実感できるようになれば、ポジティブな姿勢は強固なものになり、モチベーションもグイグイ上昇するというわけだ。

現在、部活動などで「できる」というのは、点数でいえば「100点」という認識をしているように感じられる。もちろん、100点満点が理想なのはよくわかるのだが、全員が全員、100点を求めても、それは無理というものだ。

それでも「できる＝100点」をめざす……ことは悪いことではないのだが、現時点で（感覚的に）10～20点のものを意地でも100点に上昇させるというのは「ハードルが高すぎる」のだ。であれば、まずは30点。そこをクリアできれば次は40点……と、じわりじわりと100点に近づけていく方法を選手に提示したほうが、よほど効率は高くなる。

前述の高橋慶彦さんはこんなことも言っていた。高橋慶彦といえば、猛練習で知られる当時の広島カープの中にあって、古葉竹識監督をして「慶彦ほど練習する選手を見たことがない」と言わしめる練習の虫であったことは有名な話だ。その高橋さんに〝なぜ、そこまで練習できたのか〟といった質問をぶつけてみたところ、返ってきた答えはこうだった。

「プロに入ったはいいけど周りを見ると力の差があるわけですよ。それで〝これは1年でクビになるな〟と思ったよね。そのときに古葉さんが『プロは足だけでもメシが食えるんだぞ』っていう方向性をつけてくれた。一般の人でも、たとえば社会人として会社に入ったときに、頑張りたい気持ちはあっても、どうしていいかわからない。そのときに上司が方向性をつけてくれるとすごく楽になるよね。でね、面白いのは、下手なヤツのほうが上手くなる。もともと力が7とか8とかある上手い子って、努力してもそこからの伸びを感じにくい。でも、一番上が10だとすると、下手は0→1→2→3→4→5って、ものすごく早く上手くなっているように感じられるわけ。それで僕は〝(やれば) 伸びるんだ〟っていうことが実感できたから、練習しても頭と心が疲れない」

この話の中に、選手のモチベーションを上げる要素がいくつか見られる。

ひとつは指導者である古葉監督が、〝足だけでもメシが食える〟という方向性をつけたことだ。

もうひとつは〝下手なヤツほど、上手くなる〟と、高橋慶彦さん自身が練習を重ねることで実感し、それによって「練習しても頭と心が疲れない」状態にいたったこと。

つまり、〝100点じゃなくてもいいから、そこに少しでも近づくために、今、これに取り組もう〟ということを具体的に提示できるか否かが、個々の選手の運命を大きく左右するということだ。

その段階において、高橋さんのように〝上達できている！〟を実感すれば、それからは、それこそ勝手に選手のモチベーションは上がってくる。

それを見ている指導者も、ちょっとでも上達した部分を確認できれば、〝心の中で認める〟のではなく、「お、かたちになってきてるぞ」「取り組もうとしていること、ちゃんと頭に入っているみたいだな。そこが大事なんだ！」「よくなってるよ、ちょっとずつ伸びてきているよ」と言葉に出して伝えて、背中を押して、取り組んでいる姿勢を支持してやればいいのだ。

上達するために必要なのは〝ミスを怖れない〟〝ミスを叱らない〟

もうひとつ。高橋慶彦さんの若手時代の話だ。

「コーチの寺岡（孝）さんは塁に出たら『走れ！』と。面白いのは、失敗は成功の母みたいに考える人が僕の周りにいたということ。僕、高校時代はピッチャーで４番だったから、盗塁なんかしたことない。ゼロからのスタート。で、スタートの練習すると、体（上体）が浮くし、いろんな失敗をするわけですよね。それでも怒られたことはなかった！『アウトになってもいいから走れ！』って、ずっとそれでした。本当にアウトになっても怒られたことは一回もなかった。だから挑戦できるんですよ」

女子ゴルフの渋野日向子選手のコーチであった青木翔さんも、指導方針のひとつとして「**失敗をどんどんさせる**」のだという。その理由について同氏は「(日本では成功までの)最短距離を行こうとする。しかし私は自分の人生を振り返ったときに、失敗して学んでいることが多い。失敗して、痛い目を見たうえで、どういう言葉をかけるかが大事で、だから、先回りして教えない」のだという。

メンタルトレーナーの立場からしても、それはとても大事なことだと思う。

ところが、実際はどうか。部活動の現場においても監督やコーチの口からも「ミスを怖れるな」という言葉はよく耳にする。しかし、いざ本当にミスをしてしまうと「なにやってんだ!」という〝お叱り〟の言葉が飛ぶことも、少なくないのが現状だ。

もし、あなたが選手の立場であれば、ミスを後押ししてくれる指導者と、口先ではミスを奨励しておきながら厳しい言葉を飛ばす指導者、どちらに指導を仰ぎたいと思うだろうか。

選手の狭い思考を破壊する

今の10代の選手は、どうも思い込みが強く、価値観が狭いように感じることが少なくない。なにかよくないことが起こると、すぐに限界を感じて行き詰まってしまうきらいがある。

思い込みとは、たとえば〝自分は身体が小さいから、長打は打てない。だけどあいつは身体がデカイから……〟

〝打撃があまりよくないから、自分は守備の人だ〟

というふうに、自分の中で、自分のスケールやタイプを勝手に決めつけ、枠に当てはめて、勝手に限界線を設定してしまっているのである。

これでは自分（選手）の可能性は広がらない。ではどうするか？

指導者の側から、思い込みを打破していくのだ。

たとえば「身体が小さいから、ホームランは打てない」という思い込みに対しては「吉田正尚（オリックス・バファローズ 公称173cm）や森友哉（埼玉西武ライオンズ 公称170cm）は、なぜホームランを打てるのか」を〝問い詰める〞のではなく〝一緒に考える〞のだ。

過去にも、170cm（公称）と小柄ながらNPB通算本塁打・打点ともに歴代3位の数字を残しているスラッガー・門田博光もいる。バスケットボールの世界でも、日本人初のNBAプレーヤーとなった田臥勇太は173cm（公称）。サッカーJリーグには身長150cm台の選手もいる。

それらの選手が、なぜ、プロのトップレベルの世界にいるのか。その理由を洗い出していけばいい。

〝小柄ながらも強い体幹をつくっていけば、ホームランとまではいかなくても外野の頭を越せる、あるいは左中間、右中間を破る鋭い当たりを飛ばすことはできるかもしれない〟

〝飛ぶポイントさえ押さえれば、身長に関係なく打球は伸びるかもしれない（言うまでもなく、実際に技術を磨けば、飛距離は伸びる）〟

〝ドリブルを磨けば、小さいサイズを生かせるかもしれない。そのためにはボールの扱いとフットワーク、そして視野を広げるための練習をすれば……〟

といったようにそれぞれの選手が「思い込みでつくり上げてしまった小さな世界」の殻を破る突破口を一緒に探し出すのだ。

外発的なモチベーションと内発的なモチベーション

モチベーションには、外発的なモチベーションと内発的なモチベーションがある。

外発的なモチベーションとは、たとえば「勝てば昼メシをごちそうする」とか「勝てば明日の練習は休み」といったような〝対価・褒美〟が発生するものだ。

一方の内発的なモチベーションとは、ひと言で言えば〝やりがい〟だ。

今の10代の選手たちの行動意欲を高められるのはどちらか。

それは後者、内発的なモチベーションだ。

〝チームに必要とされていることを実感できている〟などがまさにそれである。

たとえば、チームの中で様々な役割を与える。試合でベンチ入りから外れてしまった選手には、相手チームの戦力分析担当を任せるといったことで、活動・活躍の場を与えるのもそのひとつ。相手チームのみならず、自軍の選手の分析をさせる手もある。

これは、東京都で毎年ベスト16くらいに入ってくる私立校のバレーボール部で実際に行っていることなのだが、顧問の先生いわく「試合に出られない子たちに対しては、ゲーム形式の練習で審判、ラインズマンをお願いしています。そういうことも一生懸命やってくれるお陰で、本番を想定したいいゲームができているということを伝えたり、あるいは、今の（自分たちの）チームはどういう攻撃が多くなっているのかとか、あとはサーブカットの状況がどういう確率になっているのかとか、トスはどの方向に上げているのか、スパイクはどの方向が多いのか。そういったことをデータを取ってもらったり。試合に出ていないところでも、役割を与えてやってもらっています」という。

そしてその結果として「レギュラー、控えに関係なく部員たちのモチベーションは年々……徐々にですが、高くなってきているというのが現状」なのだそうだ。

選手が自分自身の価値を感じられるような言葉がけや環境づくりを大事にすることも、そのひとつ。

たとえば、控え選手には「○○の声がけは、やっぱり効くよ。このチームには大切だ」とか、練習の中で「キミの真面目さがいい意味で、チームを引き締めているよ」といった言葉がけもそうだろう。

今の時代の選手たちは、あまり〝競争〟を好んでいないように目に映る。だからこそ、前述した『赤鼻のトナカイ』作戦（123頁）でモチベーションを上げることが有効になってくるのだろう。

コラム

〝鉄は熱いうちに打て！〟はやっぱり大事！

メニューをスムーズに消化する。それはある意味では理想なのかもしれない。しかし、〝相手〟は中高生。部活は遊びではないのだが、選手は選手で〝なんか、今、いい感じになってきた。感覚を掴めるかな……〟と思えるようなシーンはあるはずだ。

そして、この〝もう少し〟〝もうちょっと〟というのは実は、選手にとって非常に大事な瞬間だ。そんなときは、流れ（メニュー）にこだわらず、もっと言えば、瞬間的にその〝もう少し〟〝もうちょっと〟の選手は別メニューにしてでも、それを続けさせてみせるという、臨機応変さも必要だと思うのだ。

なぜか？「あとでやれ」や「自主練で取り入れろ」的に〝後回し〟にしてしまうと、せっかく掴みかけた（繊細な）感触がどこかに〝抜けて〟しまったり、自分の中で盛り上がってきたものや、集中して熱くなりかけた気持ちが冷めてしまう可能性が高いからだ。結果、いざ自主練習の時間になっても〝ま、いいか……〞とテンションも下がってしまうことのほうが多いのだ。

たとえて言えば、せっかく、お気に入りの異性の子との会話が盛り上がってきたところで水を差されるようなもの。その機会を逸してしまえば、また振り出しからスタートになりかねない。であれば、そんなリスクの高い後回しではなく、〝鉄は熱いうちに打て〞を試してみてもいいのではないか。

ただ、中高生では、選手自身から「もう少しやらせてください」は言いにくい。だから、たとえば最初のうちは指導者から見て〝もうちょっとだな〞と見えたときに、「どうだ？　別メニューでもうちょっと続けてみるか？」といったように助け船を出すことで、選手の〝もうちょっと〞を引き出せるように誘導するなど、選手側からの発言を促す環境をつくってみる必要がある。

一日一回、声かけ運動

言葉は適切ではないかもしれないが、今の10代は〝かまってちゃん〟が多い。そんな選手たちに話を聞くと、〝俺は（私は）監督から気にかけられてないな〟と感じているケースが多いのだ。

だから練習中は、できる限り、一人一人全員の選手に声をかけてほしいな……と思うのである。声をかけられるだけで、選手からすれば〝気にかけてもらっている〟ことを実感できる。そしてそれは、そのままモチベーションアップへとつながるからだ。

指導者の方に言わせれば、これ、簡単なようで実は難しいもんだよ……、わかっていてもなかなかそうもいかないよ……というのが実状だろう。人数が多い場合などは、物理的にも難しいこともあるだろう。

であれば、一瞬でもいいから選手と目を合わせるように心がけてほしい。多くの選手は、良くも悪くも指導者のことは気にしているもの。で、練習中に監督の動向を目でチラチラ確認しているものなのだ。だから、指導者が一人一人に目を向けていけば、目が合う確率は相当、高い。

そこで〝**キミの存在はちゃんと認めていますよ**、ちゃんと見ていますよ〟の合図を送るのである。目が合うだけで、選手は安心する。安心すれば練習にも身が入る。

さらに目が合ったときなどは〝ウンウン〟と頷くと、効果は倍増する。いいプレー、集中して練習しているな……と感じたら、声をかけながらサムアップなどを見せれば、効果は3倍にも、4倍にもアップする。

納得させられるか、否か

「身体の柔軟性をしっかり身につけよう」「しっかり体重増やそう」というのは、近年の部活動では、よく聞くフレーズだ。これ、指導者としてはケガをしないために柔軟性を身につける、身体の力をつけるために体重を増やす……というのがその狙いなのだが、選手たちからすれば、〝そんなに柔軟しなくても、今まで大してケガしてないし……〟、あるいは〝体重増えたところでどんだけパワーがつくの？〟といった程度の感覚しか持ち得ていないのが実状だ。

〝なんとなく、わかるけど……〟では、ついてきてくれず、理由のハッキリしない曖味なことをさせられるというのは、逆にモチベーションを低下させてしまうのだ。

そこでどうするかとなるのだが、やはりここは論理的な根拠を示すのが得策だと考える。つまりは**納得させられるか、否か**……である。

たとえば柔軟運動はケガをしにくい身体づくりの一環であると同時に、その競技の上達にどのような効果、効用を望めるのか。そしてその効果をより高めるためには、柔軟の中でどこを意識すればよりよいのか、といったことを説明すれば、選手も腑に落ちるであろうし、腑に落ちれば取り組み姿勢にも変化が出てくる。

今の時代の選手たちは、ある意味、真面目な選手が多い。だからこそ、選手自身が納得したうえで、〝この練習は自分に必要〟だと強く認識することが重要で、それができれば、真剣に取り組んでいくだろう。

たとえば野球であれば、柔軟運動を取り入れることで可動域が広がり、それにより投げる球にも力が伝わる。振るバットにも力が加わり、よりボールを飛ばすことができる。筋トレであれば、どの部位に意識を置いてトレーニングしていけばより高い効果が望める……といったようにだ。そういった点を意識するか、しないかで効果も違い、効果が上がれば、モチベーションも上がる……といった具合だ。

ひと口に筋トレと言っても、競技によって、必要な筋肉と、必要ではない筋肉というものもある。このあたり、身体のメカニック的な部分にもなってくるために、指導者にも知識が必要となってくるのだが、チーム（学校）によってはそういった部分をたとえば、保健・体育の先生に特別講師を務めてもらうケースもある。

食事面など栄養学の分野に関しては、専門家を派遣するなどの取り組みを行うケースも増えている。その理由は、自らの身体に関心を持つことで自ら考える力を身につけさせ、ひいてはそれらをモチベーションへとつなげていければ……という思いだ。

つまりモチベーションを上げるためには、論理的に説得力のある話をできないと難しい。だから、**説得力のある話、論理的な話**をできるようにしましょう、ということである。

コラム

〝楽しい！〟と思わせる時間をつくる

日本の部活動の場合、種目に限らず新入部員は基礎練習からスタートするのがスタンダードだ。基本を大事にすることに異議を唱えるつもりは毛頭ないのだが、一定期間だとしても〝基礎練習に終始する〟というのはちょっと芸がないかな……とも感じている。基本を大切にするあまり、指導者も細かなことに神経質になりすぎているように見えることもある。選手たちの表情を見ていても、苦痛とまでは言わないが楽しそうにも見えないのだ。近年は部活動においても〝楽しむ〟という言葉をキーワードのひとつにしている部・学校は多いのだが、いざフタを開けてみると新入部員はあくまで基礎練習というスタンスは、〝昔〟のままなのである。

このあたりの風潮に、ちょっと風穴を開けてみてもいいのでは……と思うのだ。

たとえば、4月に入部してきたら、1カ月なり2カ月なり、基本は無視して、自分のスタイルで思いきりプレーさせる。それが野球であれば自身のスタイルでガンガン打たせてみればいいし、好きなように守備をやらせればいい。サッカーであれば、細かいことはさておき、ガンガンシュート練習させる、あるいはどんどん試合形式の練習を取り入れる。ほかの競技でも、まずは好きにプレーさせてみるのだ。

目的は、ズバリ、その競技を**楽しいと思わせる時間をつくる**ことにある。

競技を楽しいと思うと次に来るのが、〝上手くなりたい〟という気持ちである。

自分の少年時代を振り返ると、好きな野球をしたくてもなかなか人数が揃わず、道具もないなか、「手打ち野球」からはじめて、それが楽しくて、上手くなりたくて、親にねだってバットやボールを買ってもらい、また仲間と草野球をはじめる。それでも飽き足らなくて（それこそが〝モチベーション〟だ）、近所のチームに入る……というのが〝大きな流れ〟だった。

部活動においても、〝そこ〟をまずはやってみるのだ。今の10代は、どんなスポーツでも最初から〝習い事〟としてはじめた選手が圧倒的に多く、部活動でも常に〝基礎、基礎、基礎〟では各競技の、純粋な楽しさを選手たちは知らないのでは……と思うことも少なくない。だからこそ、楽しさを知るという琴線に触れるような時間は必要なのだ。そしてその過程において、上手くなりたいならやっぱり基礎練習は土台になる……ということを体感できれば、むしろ基礎練習にも熱が入ってくるだろう。そこから、〝練習〟に入っていけばいいのだ。

アメリカの野球がそうではないか。アメリカの子どもたち＝〝小さな選手〟たちがまず最初に取り組むのは、ボールをティーに置いた、ティボールバッティング。それを打ち、打撃の楽しさを知る（＝自発的な心を生む）のだ。そこから、打撃練習へと移行する。それと同じ。〝急がば回れ〟である。

指導者にとっても大きなメリットがある。好きにプレーさせることで、その選手の技量、クセ、身体能力（の一部）、個性を把握することができるという点だ。そこを早い段階で知ることができるのだから、ウィン・ウィンの関係も成立する。

練習でのミスを奨励できない空気、ありませんか？

普段の練習はいわば〝たくさん挑戦していく場所なんだよ〟ということをあらためて教えていくことも、今の10代のモチベーションアップには必要な要素だと思うのだ。

なぜか？

多くの指導者は「上手くなるための練習」を標榜しているはずなのに、実際には、いざミスをすると「なにやってんだ！」「おい！　おい!!　おい!!!」と語気を強めるのが常だ。そのような感じで練習中のミスを指摘されたり、叱られたり……を繰り返していくうちに選手は思い切ったプレーをすることよりも、ミスしないような手堅い、あるいは消極的なプレーを選択してしまいがちになってしまう。

たとえば、野球の試合で、外野に浅い飛球が上がったとする。このとき、外野手の立場で考えると、思い切りチャージするとギリギリ捕球できるかもしれないが、もし捕れなければボールを後逸してしまう可能性もある。そして実際に後逸したとして、それを指導者に咎められてしまうくらいであれば、選手としては無理をせず、ワンバウンドで捕球することを選択したとしても、なんの不思議もない。そして、そういった安全策を繰り返してしまうとその選手の守備範囲が広がることは間違いなく、ない。

若いうちから消極的なプレー、手堅い動きでの練習をしていては、選手自身の可能性も小さくなるのは明白だ。そうなると技術的向上も頭打ちになり、モチベーション低下に直結する。そもそも練習というものは、不可能なものを可能なものに広げていく時間であり、場所であるはずだ。であれば、時期によって**〝練習の目的はなんなのか〟ということを、指導者の側も明確に選手に示す**べきだ。

では、具体的にどうするか。

「今の時期は上達することが目的なのだから、ミスはそのために必要な過程であると考えて、自分の可能性を広げるためにもどんどんチャレンジしてみなさい」といったように、いっそのこと、ミスを推奨する時期を設けてみるのである。

時期を設けるといったのは、大会前になると、確認プレーや調整などに時間を費やす必要もできてくるので難しいためだ。たとえば新チームになったタイミングや試合の少ない、いわゆるオフシーズン、あるいは新入生が入って来る春先などに設定するというのはどうだろうか。

そして、決めた期間はミスを推奨、大胆なプレー、思い切ったプレーを推奨・称賛する。あるいは、前々からこんなトリッキーなプレーをしてみたかった……というものを試す期間としてもいいだろう。そこから、新たなプレーやアイデアが生まれるようであれば、儲けものだ。

ミスを奨励、積極的なプレーを称賛するのだ。

よく、最後の大会などになると、指導者からは「ミスを怖れずにいけよ!」という〝激励〟を耳にするのだが、普段の練習から〝ミスを怖れず〟という体制をとっていないことには、それは実行できるものではない。

多くの指導者が選手に言っているではないか。

「練習で出せないものは、試合でも出せない」と。

それは姿勢も同じこと。練習からミスを怖れない思い切ったプレーをできない選手は、試合でもできないものである。

選手のやる気を促すための「3称1注」

選手に声がけするのもモチベーションを上げるためのひとつの方策であることは既に述べてきているが、その際のヒントにしてもらいたいのが、「褒め」と「注意・アドバイス」の比率だ。

よく料理のレシピなどで使われる黄金比率とは、厳密に言うとちょっと違うのだが、ここでは「褒め」を3回に対し、「注意・アドバイス」は1回程度を目安にしようと思う。

たとえば……。

褒め：「お、いいねいいね！　ノってきたな！」「今のかたち、すごくいいよ！」

注意・アドバイス：「もう少し、ポイントを前かな」「ナイスアイデア！　ナイスチャレンジ！」

褒め：「お、そうだ！　その感じ」「そうそう、そうやってしっかりボールを見て」

注意・アドバイス：「腰の位置が動かないように気をつけろよ！」「オーケー！　周りが見えてるよ」

……といった具合だろうか。

プロ野球のブルペンキャッチャーなども、投手の気持ちを上手く乗せていくために、〝パァーンッ！〟と気持ちのいい音を響かせるような捕球をするのはもちろんのこと、それと同時に「ナイスボール！」「（ボールが）走ってるねぇ！」「きてる！　きてる!!」「エグいねぇ！」といった言葉を多用して気持ちを乗せながらも、そんな中にも「もう少しキビしいコース、いって（狙って）みようか！」といったように締めるべきところは締めるなど、それはもう、神経を使いながらブルペンという場所を下支えしているのだ。

そんなに褒めの言葉・締めの言葉は出てこないな……という方もいるかもしれないが、事前にメモをつくっておけばいい。具体的に褒められる箇所をメインに褒め上げ、それこそ慣れないうちは「いいね！　いいね！」と「オーケーオーケー！」と同じ意味の言葉を〝2称扱い〟にしてもいいくらいだ。ともかく、「いいんじゃない！」と言われれば、我々大人だって気持ちは乗ってくるのだから、10代の選手にしてみれば、それはなおのこと。そういった、上手に選手の気持ちを乗せてやることを、指導者も練習していきたい。

もうひとつ。

選手の気持ちが乗っているときの「注意・アドバイス」は、ズバリ、効く。これは経験からいって、間違いない。

Chapter 5

チームスピリットとリーダーシップの育て方

高校生らしさとは？

～ルール＆マナーの大切さをどう伝えるか

昔も今も、〝らしさ〟というのはつきものだ。普段の生活においても、部活においても、高校生は〝高校生らしく〟というものが求められる。

しかしその〝高校生らしさ〟にも、指導者（＝学校や大人社会）と高校生との考えには溝がある。

たとえば、指導者（＝学校）が〝高校生らしい服装を〟を唱えたところで、高校生にとっては、制服を着崩したり、女子であればスカートをミニ仕様にすることこそ〝高校生らしさだ〟と主張し、〝キチンとルールを守りなさい〟と言ったところで、

〝ルールなんてどうでもいいよ〟〝ウザイ〟と考えるのが〝高校生らしさ〟だと考える高校生が大半だろう。

では、そういう高校生たちに、ルールやマナーの大切さを抵抗なく伝えるにはどうすればいいいか。

わかりやすい例を挙げると、サッカーのワールドカップの際の、日本代表チームの立ち居振る舞いだ。

2018年、ロシア大会でのこと。決勝トーナメント1回戦のベルギー戦終了後、日本代表の選手、スタッフはロッカールームを掃除し、ロシア語で「ありがとう」と書いたメッセージを書き残して大会を去ったのだが、これが世界に報道されると、世界中から「日本の品性」「すべてのチームのお手本」と称賛されたのだ。

この〝掃除をする〟という行為は中心選手だった本田圭佑選手が〝全員がチームのために全力を注ぐ強固な状態を保ち続けるためのひとつ〟としてロッカーを綺麗にすることを提案したのだという。このときのチームメイトだった槙野智章選手も「綺麗に用意してもらったロッカーを、綺麗にして返すのは当たり前だと思います。当たり前のことを当たり前にやる。そういうことです」と語っている。そのメンタリティと世界が絶賛した行為は、かっこいいか、かっこ悪いか。それを選手に問いかけてみるのだ。

一方、世界中から〝後ろ指〟をさされたのが野球のU-18アジア選手権の韓国代表だ。'18年9月に行われた同大会の決勝でチャイニーズ・タイペイを下した韓国は勝利を祝うために、ペットボトルの水をかけ合うウォーターシャワーで喜びを表現。ここまではよかったのだが、その後、韓国ナインはそのペットボトルやグラブをグラウンドに次々と放り投げ、ベンチへと引き上げていったのだ。グラウンドではのちに閉会式が予定されていたため準備がはじまっても、韓国選手は誰も片付けに行かない、拾いに行かない。そしてその様子は世界に配信され、非難を浴びた。

この行為を、どう見るか。それを選手に問いかけるのだ。

マナーということに関しては、近年プラスチックゴミの問題がクローズアップされているが、そもそもあの問題も、鼻の中に廃棄されたストローが刺さったウミガメの映像が世界に発信されたことがはじまりだった。そういった、スポーツ以外のことでも、〝これは〟と思ったものはドンドン伝えていくべきだと思うのだ。

人の行いを見て学ぶ。人の行いからヒントを得る。あるいは〝本物〟を少しでも多く見せていく。

芸術でもスポーツでも、本物から学ぶことは数多い。そういったことを提示していくのも指導者の〝腕の見せ所〟である。

コラム

大きな期待をかけすぎない

いい意味で選手に対して、期待を持ちすぎないようにすることもスムーズな部活運営には欠かせない。

そもそも、指導者に怒りが生まれるのは、〝これはできるだろう〟とか〝うちの部員ならわかってくれるだろう〟といったような期待、もしくは願望があるからだ。そして、その期待があるからこそ、思うようにいかなかったときに、多大なストレスが生まれて、余計な感情が刺激され、爆発してしまうわけである。

これを性善説、性悪説で考えるのであれば、指導に対しては、あえて性悪説になってみてもいいのでは……と思うのだ。

表現は適切ではないかもしれないが、〝まぁ、こんなもんだよな……〟くらいに考えれば気も楽ということである。

そもそも、自分自身が選手だった頃のことを考え、思い返してみると、どうだろう。たしかに昭和的体育会系であれば、基本、顧問や先輩の言うことは絶対であったにしろ、顧問や先輩の目の届かないところではどうだ。サボることはなかっただろうか。手を抜くことはなかっただろうか？

選手なんて、そもそもが〝そんなもん〟なのだ。

技術的なことにしても一進一退ではないだろうか。昨日までできていたものが、今日はどうも調子がよくない。自分ではモノにしたと思っていたはずなのに、おかしいな……と思った経験もあるのではないだろうか。

サッカーであれば、昨日は決められた、難しい角度からのシュートが今日はどうも決まらない。バスケットボールであれば、昨日までできていたパスが上手くつながらない。野球であれば昨日打てたアウトコースがまた打てなくなってしまった……などなども〝できた（できる）はずなのに〟のひとつなのだ。

一回できたことがその後、半永久的にできるわけなどないのである。

指導も同じこと。

なかなか伸びないと思っていた選手が、あることをきっかけにグンと伸びたり、またある選手は着実に伸びていたのに突如壁にぶつかったり。本来は、そんなこんなの繰り返しが部活動、そんなこんなの繰り返しが〝普通〟なのではないだろうか。

そういう意味での〝こんなもん、そんなもん〟ということだ。

指導者になると、とかく人に求めてしまう傾向になりやすいのだが、やはり、過度な期待はいい成果を生み出しにくいのである。

私的な話なのだが、子どもが小さいときに自転車の練習をしていたときのこと。子どもはおっかなびっくりで、いつまでたってもコロ（補助輪）を外そうとしない。

父親である私は「近所の子どもたちはみんな外してるじゃないか」と、ついつい他人と比較してしまったのだ。ところが母親は「ま、自分で外したいときがきたら外すんじゃゃない?」と意に介さない。こちらは〝そうかなぁ……〟と思ったのだが、それからしばらくすると母親の見立て通り、子どもが自分から「コロ、外したい」と言い出した。そうするとコロを外してすぐにさっさと乗れるようになったのだ。

つまり、人それぞれのタイミングがあるということだ。それを無理してコロを〝こちらのタイミング〟で外してしまったらどうだろう。コロを外すことで怖がって、自転車を嫌いになってしまっていたかもしれない。それでは親にとっても、子どもにとってもためにはならないのではないか。

それよりも、場合によっては〝今〟にこだわらず、タイミングを見計らってのアドバイスであったり、本人のやる気を促すほうが得策というものだ。

大目標より、目先の小さな目標

現代の子どもたちは、できると思ったことは〝やろう〟とするのだが、できるかどうかわからないことにはなかなか手をつけようとしない傾向がある。

たとえば「地区大会2〜3回戦突破」もままならないようなチームの指導者が「ベスト4進出」「全国大会出場」と目標を立てたとしても、選手の気持ちは〝ムリ！〟〝できないでしょ?〟。これではなかなか意識が向かない。

ではどうするか。

入部時から引退するまでの間に「上手くなっていこう」「上達しよう」ということ

を目標にすればいいのだ。

〝それはムリでしょ〟的な大目標より、〝今よりも、上手くなる〟ことを目標にすれば、まず、取り組みやすくなる。

そしてその〝目先の小さな目標〟をクリアすることで、自身の成長が実感できれば、取り組み姿勢も前向きになる。

小さな目標をクリアした次の目標は、もちろん「上達しよう」だ。上達すればさらに上、上達すれば、またさらに上をめざすことで常に前向きな姿勢をつくり上げる。それこそが狙いなのだ。

部活は3年ある（実質的に丸2年ほどの競技もあるが、それでも同じこと）。10代の若者が上達するには、十分な時間である。

〝みんなで上手くなる〟という意識がチーム力につながる

部活動において、一人一人が上達を実感するためには、年に数回（もしくは3〜4回）、たとえば持久走のタイムなど、練習メニューの中で数値アップの見込めるものの測定を行い、上達具合を確認していくのもひとつの手。ただし、あまりテストテストしたものではなく、ゲーム感覚に楽しめればベストと考える。

わかりやすいものでいえば、ウエイトトレーニングで使用するウエイトの重さなどがそれにあたるだろう。これなどは、ウエイトの重さを日常的に各自でチェックさせておけば、どんどん重みが増していることに気づくことができる。それを見れば、

〝もっともっと〟とモチベーションも高くなる。〝あいつが○キロ上げるなら、俺も……〟の意識も高くなる。

そういった、ひとつひとつの繰り返しが個々の能力を上げ、お互いを刺激しあう材料となればチーム力も高くなるというものだ。

〝絶対勝とうぜ〟ではなく〝上手くなろうぜ〟。

〝勝つ〟となると、試合に出る選手とそうでない選手にモチベーションの差も生まれやすいが、〝みんなで上手くなろうぜ〟であれば、事情は違ってくる。

結果、みんなが上手くなれば、上手くなったレベルに見合った位置にチームは立っているものだ。

上手くなることをめざす、もうひとつの効果

たとえば、「初戦突破」という目標を立てたとする。「上位進出」「全国大会出場」は現実的ではないにしても、それならば達成できるだろう……と多くの人は思うだろう。だが、その目標すら達成できなかったとすれば、相当な挫折感となってしまう。〝それは、あまりにネガティブな考え方でしょ〟という声も聞こえてきそうだが、現実的に、トーナメントであればほぼ半数のチームが、毎年、それを経験しているのだ。

結果、一回戦突破という目標を立てて、それすら達成できずに終わってしまうと、それこそ3年間頑張ってきたことの達成感よりも挫折感が上回ってしまうことだって

ある。

それではちょっと切ないではないか。

〝勝つこと〟の意味とは何か？

ある柔道の全国トップクラスの強豪校の監督は「選手には勝たせたい」「勝つことは大事です」と明確に言う。

その理由を尋ねたところ、「勝つということは、今まで自分たちがやってきたことの肯定だからです」という答えが返ってきた。つまりは名誉よりも、自分たちのしてきた努力を肯定すること。それが〝次〟へのステップへとつながっていくのだという話であった。

この話を基準とすれば、勝てないというのは、その逆。これまでしてきたことの否定とまではいかないが、勝敗という意味においては報われない。そこで発想の転換。上手くなった先に勝利がある（上達を経由して勝ちがある）。その勝利を摑むためにも、まず上達しましょう、ということだ。そのほうが、現代の選手には伝わりやすいと思うのだ。

次に上達につながる練習メニューを考えてみよう。

甲子園で全国制覇を経験している名門高校野球部の監督（当時）が打撃練習メニューで重視していたもののひとつがロングティーだった。その理由を尋ねると、「ロングティーには打撃の基本要素が全部詰まっているから」だと言う。ロングティーの距離が伸びれば、それだけ基本的な技術（たとえば、スイングスピードや下半身を使っているか、的確なポイントでボールを捉えているかなど）がアップしていると捉えて間違いないのだそうだ。

この方法だと選手はボールを遠くに飛ばすということを楽しみながら実践できるうえに、技術も上がる。そしてチーム力も上がる。

野球に限らず、各競技にもこんな練習メニューがあるのではないだろうか。

コラム

中立的な立場を保つことの重要性

選手間でなんらかのトラブルが発生することは、どうあがいても避けられないことと言っていい。大切なのは、その時々で指導者はいかに中立的な立場・第三者的視点で物事・事項を判断するか、ということだ。

実際に起こった事例をもとに話を進めてみる。

「○○君がよくないことをしたとみんな言っていますよ」という部員からの報告が監督・顧問に入った。

このときに「それはいつのこと？」とか、「〝みんな〟って言ってるけど、何人の選手がそう言ったの？」などと事実を確認してみることが大切だ。〝みんな〟と言っておきながらも、実は誰も言っていなかったり、あるいは1〜2人であったり、中には随分以前にあった噂話のようなものを掘り出してきたような話だった……ということが、けっこうあるものだ。

その是非はともかく、人間というものは、とかく自分の都合のいいように情報を操作する生き物だと思っていい。だからこそ、事実・内容を客観的に聞き分けることが指導者にとっては大切になってくるのだ。

では、具体的になにを確認すればいいのか。

基本的に、まずは「5W1H」。

「いつ（When）・どこで（Where）・だれが（Who）・なにを（What）・なぜ（Why）・どのように（How）」。

たとえば「○月○日に、部室で、A君が、B君の、グラブを、隠したのを見ました」と答えたとする。ただこれでは「なぜ？」が欠けている。

そこで「なぜ？」と問いかけると生徒は「多分、嫌がらせだと思います」と答えたとする。これが〝推測的事項〟である。「B君のことをウザイと思ってるみたいだし」。

これも推測的事項なのだが、選手（というか、「この年頃」と言ったほうがいいか）

はそういったことを、わりと〝整然と話を盛って伝える〟傾向があるのだ。もちろんそれは、隠したとされるA君の意見を反映したものではない。だからこそ指導者は、事実事項と推測事項をしっかりと〝切り分けて〟話を聞いていく必要があるのだ。

そのためには当然、〝首謀者〟とされるA君にも行動内容と理由をキチンと確認しなければいけない。〝通報者〟の一方通行の話だと、とんでもないことになってしまうのは、言わずもがなである。

最悪なのは、先生の側が、前述したような〝通報〟を聞いて、〝そういえば、Aはその頃、試合にあまり使わなかったから、ムシャクシャしてBに嫌がらせをしたのかな……〟と思い込んだりすると、〝それ〟を前提とした態度でA君に話をしてしまうことになるわけだ。そうなるとA君は傷ついてしまうし、もっと違う理由があったのかもしれないという大切な部分を見落としてしまうことにもなりかねない。そもそも、B君のグラブが違うロッカーや棚に置いてあったものを、好意で戻してあげたのかもしれないのだ。

つまりは、〝勘違いの思い込み〟。

実は、これをしでかしてしまっている指導者は少なくない。

これでは、健全なチームは成り立つはずはない。

部活だけではない。職員室を想像していただいてもいいかもしれない。〇〇先生と△△先生の主張はどうも食い違う。そこで、それぞれに事情を聞いてみると、〝なんだ、そんなことだったのか……。感情が入ると、全然印象（受け取り方）が変わってくるな〟と感じた経験は少なからず、あるはずだ。そしてそれは、実はどうということもない、単に感情的な発言であった……ということは大人の世界でも、ままあることなのだから、10代の話となると、なおさらのことである。

その捌き方を間違ってしまうと、やっかいな問題にもなりかねない。

だからこそ、事実事項と推測事項をしっかりと〝切り分けて話を聞く〟作業は、健全なチームスピリットをつくり上げていくうえでも大切なのである。

自主性の整え方〜選手主体で練習試合を

チームスポーツにおけるコンビネーションプレー、連携プレーなどに関しては、練習中から細かく指導者が、それこそ手取り足取り教え込もうとしている光景が見られるのだが、しょせん練習であって、本番ではないため、どうしても〝リアル感〟に欠けるというデメリットが生じてしまう。くわえて、指導者から与えられたシチュエーションであり、与えられた指示でしかないため、なかなか選手の中でそれを理解して消化するというのは難しいのが実状だ。

本番を想定し、いくら説明し、シミュレーションを想定してイメージさせたところで〝ピンと来ない〟のだ。それを理解して練習に置き換えることができるのは、よほど実戦経験が豊富で、アマチュアでは百戦錬磨の強豪校レベルでないと、そのプレーをモノにすることは難しい。

そこで、たとえば練習試合などで、指導者・監督からは指示・サインを一切出さず試合をさせてみることを提案したい。そして、試合の中での問題点や改善点、なにより**〝気づき〟を選手間で話し合い**をさせてみるのである。

練習での与えられたシチュエーションであったり、指示であったりではピンと来なくても、試合で経験したことであれば〝あのシーン、あのプレー〟として既に頭に入っている。それを材料にディスカッションをさせるのだ。その過程を通して、選手同士でもお互いの考え方、力量を知ることができ、考えを深めることにつながっていく。そしてそれを今後の対策につなげたり、プレーイメージを共有し、選手同士、選手と指導者が摺り合わせていく作業に移行できれば練習も盛り上がる。

命令系統によって動く集団に〝スピリット〟は生まれてこない

部活動に限らず、社会人チームやプロなどでもそうなのだが、監督がチームの組織管理をあまりにも強化してしまうと、選手にとっては〝言われたからやらなければ……〟という義務的な動機・要素が強くなっていく傾向が出てくる。そしてその義務的な動機・要素はスポーツそのものをどれだけ楽しむかという、本来の自発的な動機を著しく低下させてしまうことに直結する。

さらに、自発的な動機が低下すると、選手の創造性やチャレンジ精神というものは、もれなく減退するものだ。

これが、いわゆる〝選手はただ、やらされているだけ〟の状態だ。

ではどうするか。

指導者・監督は、あまり細かい管理をするのではなく〝大きな箱の外枠〟だけを決め、その中身は選手たちに決めさせてみてはどうだろう。

たとえば、「攻撃的なプレーをする」というのが〝大きな箱の外枠〟だ。では、その「攻撃的」とはどういうプレーなのかを選手に考えさせ、体現させてみるのだ。

野球であれば、走者は積極的に次の塁を狙う走塁を心がける、というのもそのひとつ。打者は送りバントではなく、自分も生きることを前提としたセーフティバントを狙う、というのもそのひとつ。あるいはバントではなく、ヒットエンドランを決めるために右打ちを徹底する、というのもそのひとつだろう。考え方によっては、打力に自信がなければ、比較的自信のある送りバントを選択することのほうが〝攻撃力〟は上がると考える打者がいてもいい。

そういったことを、考えて、試してみる時間と機会を選手に与えるのだ。

指導者・監督からの指示だけ（一方通行）では選手の想像力は育たず、個性も発揮しにくい。新発見もない。なにより、**自発的な動機が萎えていくのが一番よくない。**そうなると、ただ、〝監督に怒られないように……〟〝失敗・ミスをしないように……〟という消極的な、10代らしくないプレースタイル、取り組みスタイルを生み出すだけだ。

価値観でグループ・チーム分けを行う

全国制覇を常に見すえているような強豪校・強豪部でないかぎり、部活には多様な価値観を持った選手たちが入部してくる。価値観が多様であれば、当然、ひとつの価値観で縛るのは難しい。ましてや、現代の10代は父母から〝我が子ファースト〟で育てられてきた子たちが多い。対応力および対抗力は決して高くない。それが元で途中退部などが増え、場合によってはチームの人数が極端に少なくなってしまったりするようなケースは今後も増えてくるだろう。

そんな時代・事情を前提に、ひとつの提案がある。

一般的に、ある程度人数を抱えている部活動がグループあるいはチーム分けをするときは、たとえばレギュラークラスが「Aチーム」、準レギュラーチーム・控えクラスが「Bチーム」、そして次のクラスに相当する「Cチーム」というように技術レベルのグループ分けをするケースが多数派だ。

そういった一般的なグループ・チーム分けではなく、価値観でグループ・チーム分けを行うのだ。たとえば、

Aグループ：なにがなんでも勝ちにこだわるグループ。
Bグループ：基本的に、楽しく部活を行いたいグループ。
Cグループ：習い事や勉強、趣味など部活以外にも時間を使いたいことがあるグループ。

……といった具合だ。

そのうえで、指導者・監督が、グループごとに練習日程や時間、その内容、試合出場の有無などを規定し、各グループの規定を明確にしたうえで選手たちにグループを

選ばせるのだ。

部員の選択制であるから、場合によっては技術的にはトップクラスが「C」を選択することもあれば、その逆もあるだろうが、それでOKというスタンスだ。ただし、途中で気持ちや事情が変われればグループ変更もOK……という柔軟性があってもいいだろう。

このアイデア、実際にインターハイ出場経験のある都内某校の女子バスケットボール部で採用したところ、似たような価値観の部員と共に練習をするわけだから、まとまりが生まれ、まず、退部が減った。そして、以前にも増して入部希望者は増えたのだ。

同部の指導者は社会人でもプレー経験があり、指導熱の非常に高い方なのだが、現代の子たちにはむしろ、その情熱が重かったのか、一時期退部者が続出したことを受けて、**部員選択制によるグループ分け**という思い切った〝チーム改革〟を断行したのだが、結果的に、これは成功した。

なにが効いたのか。

様々な要素はあるのだろうが、同部で様子を見ていると、技術的にはレギュラークラスの子が「C」を選び、しばらくはそこでの部活生活を満喫していたのだが、やがて物足りなくなって、「A」へと戻ってきたケースもあった。つまりは一度「C」を経験したことで、そもそものやりがいに気づくことができたということだ。価値観でのグループ分けには、そういった部分に気づくチャンスにもなるという側面もあったのだ。

極端に言えば、全国大会出場をめざす「A」と兼部もOK的な「C」が共存することになるわけだが、その棲み分けをハッキリさせておいたため、前記の高校のバスケットボール部は、よい結果を生んだといえる。

コラム

「指導者」ではなく、まずは自らが率先して実践する「始動者」に！

とかく「指導者」というものは……指導を受ける側に「指導＝命令する人」というイメージを持つ人が多いのが実状だと感じている。

一方、〝命令〟する以前に、自ら率先して行動に移し、指導を受ける側が取り組むべきことを体現するのが「始動者」だ。この「始動者」のように自ら動く姿勢を見せていけば、選手たちも自発的に動きをとりやすくなる。

たとえば、大会会場、試合会場などにゴミが落ちていたとする。これを「始動者」がそれとなく拾うとどうだろうか。このところ様々な部活動で実際に行っている学校周辺の清掃活動などにしても、まずは「始動者」が率先して行う。

活動が定着してからも、そこに「始動者」の姿があれば、部活動以外の時間で部員と行動を共にすることになり、それはコミュニケーションの有効な手段であるし、そこで通じ合うものや、部員の意外な一面に出会う効果も見込まれる。

これは実際に学区の周辺清掃活動を行っている部活動での話なのだが、いつの頃からか「ありがとうね」と周辺の方々から声をかけられるようになり、学校には「おかげさまで道が綺麗で快適です」「雪かきをしてくれるのでとても助かっています」とお礼の手紙も届くようになったという。喜びの電話も入ってくる。そうなると選手たちのモチベーションも上がっていく。

こういった清掃活動などに限らず、「始動者」として、思い立ったことはまずは自分で率先して行ってみることはとても大事なことだと考える。

まずは指導者の心がけ。これひとつでチームスピリットは決まってくる。

Chapter 6

伝わる叱り方、保護者とのつきあい方

「叱る」と、アドバイスは別物である

いくらこちらが指導を行う立場であっても、選手は選手で、その競技に取り組んできたプライドというものはあるものだ。

これを前提として考えると、こと技術的な面に関しては、一歩引いた立ち位置で、選手の技術的な特性も尊重する必要があるのではないだろうか。つまりは技術面を叱る、あるいは〝矯正しよう〟とするのではなく、あくまでアドバイスの一環であるということを指導者は心がけてもいいのでは……と思うのだ。

たとえば野球でファンブル（一度摑んだボールを取り落とす）した場合などは「こ

っちから見ると、ちょっと腰高かったぞ」とか、投手であれば球速は出ているのに打ち返されるのであれば「投げ急いでいるように見えたのは、ちょっと身体の開きが早い感じがするのが原因かもな」といった具合だ。それが「なにやってんだ！　バカヤロー!!」では今の時代、選手を追い込むことに直結してしまう。

叱る、あるいは矯正することとアドバイスは別物なのだ。よほど基礎・基本的なことではない限り、指導者は競技・施術的なことに関しては、〝こうでなくてはいけない〟を捨て、必要に応じたアドバイスに徹することが望ましいと考える。

選手だって、上手くなりたいと思って練習しているのだ。いいプレーをしたいと思ってグラウンドやコートに立っているのだ。指導者はそれを忘れてはいけない。

時には必要な指導者の〝小芝居〟

指導にあたっていると、どうしても声を荒げたくなるシーンは出てくるものだ。かと言って、感情にまかせて怒鳴り散らしていてはプラス効果は望めない。

ではどうするか？——「指導者は思っていることをすぐ選手にぶつけて叱るのではなく、あえてグッと我慢しているんだぞ……的な苦しい表情を見せる小芝居を打つ」のだ。

〝俺は今、ぶっちゃけ、お前らに怒りをぶつけたい。怒鳴りたいし、どうしても言いたいことはあるのだが、俺は言わない、言わないでおく……〟という芝居だ。

選手の側は、指導者の表情に（指導者が思っている以上に）敏感である。だから、選手の側には指導者の〝内なる炎〟も見えている。

〝ヤバい……。ここ、叱られるポイントだ……〟と。

そのポイントで指導者がグッと怒りを抑えて我慢＆つらそうな仕草をしておくことで、〝あ、なんか、監督、我慢してる（させている）。申し訳なかったかな……〟と気づかせることができれば、芝居は成功だ。〝それならいっそ怒られたほうがよかったかな〟と思わせれば大成功だ。

〝そんなことできるのか？〟と思われる方もいるだろうが、これを複数の高校野球部の監督に提案してみたところ、実際に取り入れた学校では一定の効果を上げている。それどころか部員に聞くと、面白いことに〝先生（監督）があんなにつらい思いをしているのに、飲み込んでくれているんだ。申し訳ないな。僕らがしっかりしないと……という気持ちになる〟という答えが返ってきたではないか。

〝怒りを飲み込んだところをアピールする作戦〟

これを実行する際は、ちょっと大袈裟なくらいのほうが効果的だ。

稚拙なようだが、前述の通り、私はその効果を確認している。

星野仙一さん（故人）が明治大学時代に、当時の島岡吉郎監督（故人）に怒られ、夜な夜なグラウンドのマウンド上で正座をさせられたときの話だ。星野さんはその処遇に不満を持ち、〝なんでこんなことをさせられないといけないんだ〟と憤ったままに正座をしていたのだが、ふとホームベースのほうを凝視するとなにやら人影が。その影をよくよく見ると、島岡監督も正座をしていたというのだ。それがわかった瞬間、星野さんは〝この人のためにも頑張ろう〟と思ったのだという。

これは自分のしでかしたことで先生にも本当につらい思いをさせてしまったという実例だ。

最初から「ダメだ!」と叱るのではなく、〝なぜそんなことをしたか〟理由を確認する

叱る前に、まずは理由を確認する。当たり前のことのようだが、ここがおろそかになっているケースは少なくない。

ポイントは、しっかりと相手の声を聞くということころ。「おお、なるほど」「うんうん、そうだったのか」「その気持ちはわかるよ」と、まずは共感を示しておいたうえで、〝正しいやり方〟〝こうすべきだったのかもな〟といったふうに話を展開させるのだ。

これはプロ野球の世界でのことなのだが、某球団の中心選手であるKが三振してベ

ンチに戻った際、「お前、三振してんのに、なに笑ってンだ!?」と当時の監督からやや強い口調で注意されたのだそうだ。Kにすれば〝三振したからといって暗い顔してベンチに戻ってくると、むしろチームの士気を下げることにもつながるのでは〟という考えから、あえて〝次、次！〟的な意味を込めて笑顔でベンチに戻ったのだが、監督からすればKの言動は、ともすれば気合いが入っていない、あるいは状況が摑めていないように感じ取れたため〝叱り口調〟になったと推測される。

このケースでも、まずはKに笑顔の真意を確かめたうえで、「おお、そうか。そういうことだったのか。だけど今はチームがこういう状況だから、あそこで笑うのはちょっとふさわしくないように思うが、どうだ？」と伝えれば、言われる側の聞く姿勢も変わってきただろうと思うのだ。

頭ごなしでは、むしろ相手の反発心を喚起するだけなのだ。

つまりは一方的にこちらの受け取り方をそのまま言葉に表し、それを押しつけるのではなく、まずは相手の考え、思いを聞く。汲み取る。そのうえで、こちらの思いを伝えるという、お互いの思いと考えの摺り合わせ作業が大切だということだ。

大事なのは〝今でしょ〟を論理的に伝えること

叱られる原因になったことをそのままにしておくと、先々こんな問題が出てくる、あるいはこんな負のスパイラルが起こってくるということを伝えることも大切だと考える。

中学・高校生くらいであれば、その先々をイメージさせながら、事の善し悪しについて、言いくるめる……のではなく、論理的に話を進めて、理解させるのだ。

たとえば、練習をサボる選手を叱る際……。

「今、練習で手を抜いてサボっていると仲間との差は生まれてくる。そして実際に差が生まれてきたらどうなる？　自分自身の中に焦りや劣等感が生まれてくるんじゃないか？　それが積み重なっていったとすればどうだ？　楽しく部活ができると思うか？　そんな状況は面白いか？　練習で手を抜くと、キミ自身も伸びないんじゃないか？　もしキミが監督だとすれば、そんな選手をどう見る？　試合で使いたいと思うか？　先生は普段から取り組む姿勢を評価基準に入れているから、今のままのキミだと試合には使いにくくなってしまうんだぞ。そうすると、キミが最後に残念な結果になるんじゃないか？」

①相手の思いの確認　②共感（このケースの場合は、目先のことだけを考えると、サボると楽ができる。それはそれで理解できることを相手に示す）　③そのうえで、現状を続けるとどうなりがちかを伝え、イメージさせる　④それに対するこちら側の考えや思い（場合によっては期待）を伝える　⑤相手の意見を確認する

……という手順で話す。

この〝サボる〟という〝テーマ〟は多くの人が経験しているであろうから、自分の経験からも、そのときの気持ちを呼び覚ましやすいのではないか。

たとえば自身の中学・高校時代を思い返してみると……。

定期試験が終わった瞬間などは、〝次は最初っからしっかり予習・復習はしておこう。そうすれば、テスト勉強だって楽だから〟と、心に誓ったはずなのに、その誓いも数日後にはどこかにすっ飛び……という経験は誰にでもあるのではないか。〝それ〟と同じことを部員が行っているだけのこと。

だからこそ、大事なのは〝今でしょ〟を論理的に伝えることだ。〝今〟を変えていかない限りは、未来を変えることはできないのだから。

叱ったついでにモチベーションをアップする

これは叱るというよりも、〝叱ったついでにモチベーションを上げてしまおう〟というもので、叱られた内容を今度は改善することによってこんなプラスアルファが生まれるよ……ということを提示して、相手の思考をポジティブなものに切り替えようという趣向だ。たとえば、

「○○がこの課題を改善すると、こんなチーム構成が考えられる。そのオプションがチームに加わると、どうだ？　個人としてもチームとしてもプラスになるんじゃないか？」

「今のキミは実力的には足りていない。だけど、多少、実力が足らなくてもチームの誰よりもコツコツ頑張っている姿を周りのみんなが見て、みんな納得すれば、先生も堂々とベンチに入れることができる。そんな選手になってほしい」

といった感じで伝えていくのだ。

損得という表現はふさわしくないのかもしれないが、前述したように今の10代は損得勘定が働く傾向にあるので、**〝未来のプラス〟をイメージさせる**ことができれば、〝これは言うことを聞いておいても得かな……〟と受け取る可能性は大いに期待できるだろう。

〝本人の中のもう一人の自分〟を叱咤する

たとえば○○君に対して「○○、サボるんじゃないっ！」と怒ったとしよう。

このとき、一個人の、一行動に対して〝こちら〟は怒ったのだが、注意された側（特に最近の10代）は、自分自身を全否定されたように感じる傾向にある。〝こちら〟にその気がなくても、相手がそのように受け取れるのであれば、注意の仕方を変えるよりほかはない。どうするか？

これはメンタルトレーニングでもよく使う手法なのだが、○○君の中に〝もう一人の○○君〟をつくるのだ。

こんな感じである。

「どうやら○○君の中に、怠け者の○○君がいるようだな（笑）。その怠け者君、もうひと踏ん張りしようぜ！」

といったように、自分の中にいるもう一人の自分（もしくは〝様々な自分〟）を自覚させて、その選手に、〝今、○○君の中には、どんな○○君が勢力を増しているのか、ちょっと考えてみようか〟と、きっかけを与えるのだ。

この手法、〝ブラックな○○君をいかに抑え込むか……〟よりも、意識としては〝ホワイトな○○君の部分を増やすか〟が大きな狙いだ。しかも、○○君本人ではなく、あくまでも〝もう一人の○○君〟に訴えかけているのだから、○○君自身が否定されることはない。だから、聞く耳も持てるという算段である。

金八先生もこんなことを言っていたではないか。

「人の中には必ず悪があるんです。みんなの中にも、悪はいるんです」と。要は、その部分とどう向き合うか、そのヒントを与え、実行させるのである。

効果的に〝怒り〟を伝えるために、〝怒られる側の心の準備〟を！

「なにやってんだ！」

「ちょっと、こっちに来い！」

　こんな感じで怒られる場合というのは、怒られる側からすれば〝急に怒られる〟ケースが多い。つまり、怒られるうえでの心の準備ができていない状態だ。心の準備ができていないというのは、いわば不意打ちを食らうような感じになるため、「な、なんだよ！」と声には出さないまでも、反射的に心の中にファイティングボーズをとってしまい、これが無意識のうちに反発心を生み出すことにもつながる。

これでは〝効果的な叱り・注意〟にはならない。

ではどうするか。

まず叱る前に、相手に心の準備をさせるのだ。

具体的な言葉としては「今から○○を叱るけど、俺がこういうふうに叱ったら、○○は多分、こういうふうに感じるとは思うんだ。正直〝ムカつく……〟と思うだろうけど、俺はあえて言うからな」といった具合だ。

このように前もって言われると、怒られる側も心の準備もでき、〝先生はこっちのこともちゃんと考えてくれているんだな〟という気持ちと同時に、態勢も整えられるというわけだ。こうすることで、相手の余計なバリアを取り払うことができれば、効果的に〝怒り〟を伝えることもしやすくなってくる。

あるいは、相手の突かれると痛い部分を、いきなり突いてしまうと、心の中で抵抗を示してしまう。場合によっては、言われた側がこちらを〝敵〟とみなしてくるケースも出てくる。

考えてみてほしい。

たとえば部員同士で準備（あるいは会話）をしているところに、向こうからいかにも〝怒っています〟的な顔をした指導者が向かってくる。すると、部員のほうも心の中でファイティングポーズをとってしまう。そこに指導者が怒鳴り声を上げる。

一方通行的に怒ったところで選手は萎縮するし、拒否反応を起こしてしまうから、指導者の声は頭の中に入ってこない。それでも指導者は〝怒った〟ことで〝指導はひと区切り〟と捉えるかもしれないが、怒られたほうには怒られた内容ではなく、怒られた事実しか残らない。これでは怒るほうにも、怒られるほうにも意味はない。

そこで最初はフレンドリーに冗談交じりに、その内容に触れて、段々真面目なトークに変えていくのが無難なかたちと考える。

まずは天気の話から入り、次に学校生活の話。勉強の話などで〝ほぐし〟というか、気持ちの面での〝ウォーミングアップ〟を行いながら、部活動、チームメイトの話に移行、そのあとに核心部分を突いていく。

たとえば「今日は寒い（暑い）な。キミは寒いのと暑いの、どっちが好きだ？」

「定期試験の結果はどうだった？」「学校行事（体育祭や文化祭、芸術鑑賞や修学旅行など）はどうだった？」、あるいは進級したばかりのタイミングであれば「新しいクラスはどうだ？」といった学校生活がらみのちょっとしたことを導入部分にしてみるのだ。

その生徒の趣味・嗜好を知っておくことも大切だ。それがたとえば〝こちら側〟の趣味・嗜好と同じなら、なおさら効果的になるだろう。それがスポーツやバラエティなどテレビの話題なのか、ＳＮＳやマンガ、本の話なのか。買ったばかりのウエアや道具の話とか。そういう部活以外のことでの、ちょっとした部員に関する日頃の情報収集はこんなときにも活用できるのだ。

つまりは、いきなり急所を突くのではなく、ワン・クッション、もしくはツー・クッションを置いてから本題に入ることが大切だということだ。

叱る前に、叱られる側の心のウォーミングアップ。こちらの伝えたいことがキチンと相手に伝わるようにするための前振り。これを忘れずに。

ちなみに、特に会話の導入部分ではできれば、笑いをたたえながら……というのがベストだろう。近年の甲子園での高校野球を見ていると、監督からの指示を伝えるために伝令が笑顔で選手の中に入っていく場面が増えてきた。あれと同じだ。会話の内容はフランクなのに、顔面は鬼瓦……では相手は聞く態勢にならない。

とはいえ、せっかくウォーミングアップしても、核心部分に入ったとたんに頭ごなしに叱りつけるのでは元も子もない。そこは、**〝怒る〟ではなく、〝尋ねる〟のが理想的**だ。

たとえば該当選手が、このところどうも練習に身が入っていないように見えるのであれば、「最近たるんでるんじゃないか！」ではなく「最近、練習に身が入ってないみたいに見えるけど、どうなんだ？　なんか気になることでもあるのか？」と尋ねてみるのだ。

そのほうが選手側も聞きやすく〝監督は、ちゃんと僕のことを見てくれている＝存在を認めてくれているんだな〟ということも感じることができる。

そもそも、指導者というのは、学校生活、特に授業時などはカリキュラムや授業進度などの問題もあって、いきなり本題に入るという環境下にあるため、前述した本題に入る前のウォーミングアップの習慣はないのかもしれないが、それでも一個人として話をする場合などの情景を思い浮かべていただくと、多少はイメージしやすいか。

つまりは、叱る際の、部員の警戒心を解く方法を用意しておくということだ。

そのためにも該当する選手・部員の、部活以外での〝顔〟を知っておく必要がある。勉強のこと。部活以外の趣味のこと。好きな選手、目標としている選手。クラスで担っている役割。イベントや行事での奮闘ぶりなど、自身で知り得ないことは担当教諭やマネジャーから情報を得ればいい。部活から、〝枠〟を広げて、部員を見るのだ。

コラム

職員室は情報の宝庫だ

都内の某スポーツ強豪校（私立）の生徒に、先生との関係性について話を聞いたところ、同校の先生はとても親身でフレンドリーなのだという。そう感じる理由を尋ねると、

「学内ですれ違ったときに、こっちからも挨拶はするんですけど、先生からもドンドン挨拶してくれるんです。それとか、担任（の先生）でもないのに部活のこととかも知っていてくれる。〝この前の試合、頑張ったんだってな〟とか〝試合はどうだったの?〟〝朝テストの成績、よかったんだって?〟って聞いてくれる。だから、この学校は居心地がいいんです」

という答えであった。先生から積極的に生徒とコミュニケーションをとろうと努力

している様子がうかがえる。

先生との距離を近く感じられる、あるいは安心感を感じることができるというのもそんな校風があるからだろう。

では、同校の先生（指導者）は、どこで生徒たちのそんな情報を得ているのかといえば、職員室だ。先生同士もコミュニケーションがよくとれているということだろう。職員室は生徒情報を知る大切な場所なのだという。そして、これが生徒を上手く叱る場合のウォーミングアップに役立つことにもつながっているのだろう。

叱る選手の目線を変える導き方

相手の立場に立って物事を考えさせる手法を考えてみたい。ひとつの手法としては、叱る選手に対して、叱る内容そのものに少しだけアレンジをくわえるのも効果的……という話だ。

たとえば、野球であれば守備練習をサボっているAという選手がいたとする。この選手を注意したいのだが、目の前で実際に起こっていることではなく、ここに架空のXという選手を登場させ、その選手がサボっている内容も守備ではなく、バッティングなどに〝すり替える〟のである。

こんな感じだ。

「今、この場面でな、Xがバッティング練習でサボってるとするだろ？　そのときに、もしAが監督だったらXに対してどう思う？」と尋ねるのだ。A君にとってみれば、直接的に自分のことを言われるわけではなく、あくまでも対象はXであるため、第三者的に、冷静に考えることができるであろうから「それはヤバいですよね。よくないと思います」というのがA君の答えとして想定される。

いわば、自分のことを棚に上げられる状況をつくってあげるのだ。

そのうえで「じゃあ、Aだったら、Xにどう伝えて、しっかりと練習するように導いてやる？」と尋ねてみるのだ。

面白いもので、人というのは自分のことは見えないけれど人のことはよく見える生き物である。そこでたとえばA君が「僕だったら、こういうふうに伝えて、サボらせないようにさせていきます」と言えば、「であれば、今の話を自分自身をXの立場に置き換えて、今自分がどうすべきかを考えてみなさい」と伝えるのだ。

この話、勘のいい部員であれば、〝あ、先生は俺のこと言ってるな……〟と途中でわかるだろうが、それでOK。直接的にA君を否定しているわけではないから、心のゆとりも考えるスキも、生まれてくるというものである。一方で、最後まで気づけない者もいるかもしれないが、そのときは、ピシッと「自分のこととして考えてみなさい」と言ってあげてもいいだろう。

コラム

本人にダイレクト……ではなく、ケーススタディを活用する

どんな内容であれ、怒られるほうには基本的に抵抗感があるものだ。怒る側だって、決して気持ちのいいものではないし、むしろブルーな気持ちになってしまう人もいるだろう。そこでオススメしたいのが、ケーススタディの活用だ。「以前、こんな先輩がいてな……」というふうに、他人（先人）を例に挙げるのである。

〝過去にこんなことがありました〟だ。

どの世界でもよくたとえとして使われる、ウサギとカメのような実例を挙げるのだ。たとえば「1年の頃、当初からセンスのあったAは夏の大会からメンバー入りしたけど、その後、〝自分はベンチに入るのが当たり前〟と思い、練習がおろそかになって、最後の夏はメンバーから外れた。Bは正直、ベンチ入りすら難しいと思ったけど、

2年半、それこそ一生懸命に練習に取り組んだことで、こちらがビックリするくらいに潜在能力が開花、最後の夏はベンチ入りどころか主軸になった。サボると、その楽さを覚えてそっちに逃げたくなる。しかし努力を積み重ねていけば、それは〝努力〟ではなく、〝習慣〟になり、それが力を生んでくれる。キミはどっちになりたい?」

こういった〝すり替え話〟を小まめに伝えていくことは、こちらが思った以上に相手の心に入るものだ。だから、怒りたい・怒らなければいけない事項が発生したときだけではなく、常日頃から事あるごとに伝えて、生徒の心に染み込ませていければベストだろう。前述したウサギとカメのウサギのように、失敗例は教訓となり、成功例はモチベーションのアップにもつながるという二次的な効用もある。一方で〝こちら側〟の感情のおもむくままに怒りをぶつけるのと、どちらが効果があるか。あなたはどう思いますか?

今＝点で叱るのではなく、長期的な視野＝線で捉える伝え方

指導者というのは、とかく選手のマイナス面が気になるものだ。

現場で部活動の様子を見ていても、〝よくない点（プレー）〟を見ると、その場で即座に騒ぎ立てて叱るケースが多い。〝鉄は熱いうちに打て〟と言えば聞こえはいいかもしれないが、場合によっては「今＝点」で叱るのではなく「長期的な視野＝線」で捉えたほうがいいのにな……と思わされることも少なくない。

たとえばである。

部活動の期間は大体丸2年〜2年半。この間に個々の選手が成長していけばいいの

ではないかと思うのだ。もちろん、成長するために改善するべき部分、努力を重ねていかなければいけない部分はそれぞれにあるが、かといって「今」の瞬間だけを捉えて指導したところで、その効果が（いつもいつも）すぐに表れるわけでもない。

それでも指導者は〝早く身につけさせてやりたい〟〝これでは大会に間に合わない〟となり、気持ちの焦りにつながると「できていないじゃないか！」「昨日言ったじゃないか！」「ちゃんと教えただろ！」となってしまうのだ。これでは選手のモチベーションを下げるのに手を貸しているだけに過ぎない。

指導する側も「今＝点」で捉えるのではなく、数日、数週間、もっと言えば数カ月くらいの猶予（余裕）をみていくほうが〝おだやか〟で、いい。もちろん、同じ指導をしたところで選手によって伸長度は違うだろうが、それこそ一人一人飲み込みの早さもスキルも違うわけだから、逆に言えば、その遅さ・速さに関係なく、少しでも変化が出れば「変わってきたな」と成長を認めることができる。それを褒めれば、褒められた選手のモチベーションを上げることにもつながるうえに、指導者がキチンと目を配ってくれていることを選手が実感すれば、それは大きな励みにもなる。指導者としても長期的な視野＝線で捉える「少し先の目線＝長い目」を持つことでむしろ心にゆとりも生まれてくる。

今日言ったから、今変える（変わる）ことなど、十中八九無理なこと。中には即座に体現できる者もいるだろうが、それはあくまでも〝特例〟で、そんな特例を基準にしてしまうから歯車が狂うのだ。

それよりも、「お、ちょっとよくなってきているな」「少しずつだけど、できる確率が上がってきたんじゃないか」「この前言ったこと、ちゃんと意識できてるじゃないか。それでいいと思うぞ」「そうやって指導されていることを意識することは大事なんだよ」と声がけする・相づちを打つことのほうが選手にとっては大きなプラスになるのである。

プロ野球選手で現メジャーリーガーの筒香嘉智選手も、彼が小学生時代に行っていたトレーニング（エクササイズ）について、こんなことを言っている。

「僕は覚えるのが遅かったです。（中略）チームメイトと何か新しいエクササイズをするとなると、一番できるようになるのが遅いんです。でも、それでもかまわないと思います。(中略) できないからあきらめるのではなく、少しずつ努力してできるようになっていくことで、できた時に得るものは大きいと思います。一つのことをできるまでに時間がかかるということは、たくさん練習をすることでもあります。すぐにできた子は、そのあと練習をしませんが、全然できない子はその日も、次の日も練習します。(中略) 苦労してできた子は、失敗の回数を繰り返しているので、できたときにはすぐにできた子よりもうまかったりします。また、再びできなくなっても修正方法を知っているとか、深く理解できます。大事なのは、自分の体を自分で動かしてパフォーマンスできることの方です」(『BASEBALL KING』のサイトより引用)

　この「〝今＝点〟で叱るのではなく、〝長期的な視野＝線〟で捉える伝え方を心がける」手法、叱り方にもモチベーションアップにも使えるので、ぜひ試してもらいたい。

こちらが叱ろうと考えていることを、選手自身に考えさせる

叱るべき事項を、選手自身に問い質す。

これはつまり、こちらが叱ろうと考えていることがなんであるかを選手自身に答えさせるというものだ。

たとえば……。

「今、なんでここに呼ばれたかわかるか？　心当たりはあるか」と叱りたい選手にまずは尋ねる。すると選手は「一塁まで走るの、手を抜きました」「バックアップに行きませんでした」「最後までボールを追いませんでした」「ウエイトトレーニング、や

っていません」「掃除を後輩に任せていました」といったように答えが返ってくる（呼ばれた選手は、その原因は大体わかっているものなのだ）。

このとき、待ってましたとばかりに「その通りだっ！」と叱り飛ばすのではなく「そうだよな……」とむしろ優しく促すことをオススメしたい。

そして、選手自身が答えを出したことに「わかってるじゃん。まぁ、わかっていてもなかなかできないのが人間だけど、でも、自分で自覚しているんだったら大丈夫だな！」と送り出せばいいのである。

あえて付けくわえるとすれば、たとえば「一塁まで走るの、手を抜きました」であれば「相手から見たら、走らないチームはどう見えると思う？」。「ウエイトトレーニング、やっていません」であれば「そもそも、なんのためにウエイトトレーニングをやっているんだっけ？」。「掃除を後輩に任せていました」であれば「逆の立場なら、掃除をサボる先輩をどう見る？」といった促し方になるだろう。

こちらから一方的に怒鳴るだけでは〝うるせぇな。はいはいやればいいんでしょ〟

という、選手からすれば「やらされ感満載」なメンタリティになってしまう怖れもある。これでは身もフタもない。だから、あえて聞き役に回るのだ。このとき、優しく聞かれれば、向こうも言いやすくなる。そして、マズかったこと、してはいけなかったことを人から言われるのではなくて、自分の口から言うことによって、自分の中でも整理がつくし、自分自身に対して言うことで自己暗示的な効果も期待できる。

失敗が当たり前。だから、期待をかけすぎない

指導者の中に怒りが生まれるということは、そもそも選手に対する期待もあるうえに〝できるだろ〟〝できないと困る〟〝できて当然〟というふうに、どこかで考えてしまっているために、上手くいかなかったときに、指導者にフラストレーションが生まれてしまうのだ。

実際、練習試合であるか公式戦であるかに関わらず、選手のミスにイライラを募らせて怒鳴り声をあげている監督がいるが、監督の頭の中で立てた戦術に対して〝ミスしない〟ことを前提にして選手を見ているから、イライラしてしまうのだろうと思う。

これが、たとえば野球であれば〝送りバントなんて失敗するものだ〟と頭の中で想定しておけば、ミスをしても〝さて、次はどうするか〟という切り替えもできる（それがいわゆる戦術的な〝引き出し〟というものになっていく）。

さらに言えば、指導者というものは、選手は自分の支配下にあると思いがちになる傾向がある（これは批判でもなんでもなく、そういうものなのだと理解してほしいのだが）。

そしてそれが考え方として「なんで俺の言ったことを体現しないんだ！」「俺の言った通りにすればできるはずなのに、できないということは俺の言うことをちゃんと聞いていない。やってないな！」となるわけだ。

ズバリ、それこそが大きな〝考え方のミス〟なのだ。そもそも、選手は指導者の〝駒〟ではない。将棋であれば駒の役割は誰が指そうと変わらない。だが選手は違う。

そもそもプロの世界ですらミスはつきものなのだから、〝できて当然〟ではなく**〝ミスして当然〟〝失敗するのが当たり前〟**。肝心なのは失敗に対して、どう考え、どうつきあうかが指導者の役割であり、腕の見せどころだと思うのだ。〝一の矢〟がダメなら、二の矢、三の矢をどう放つか。その準備こそが肝心なのだ。

失敗した者のメンタリティを思い、性格的な部分を加味したうえで、そこはあえて厳しめに接するのか、あるいは落ち着かせられるような声がけをするのかを考える。その際に大切なのは指導者の長期的な視野だ。〝長い目で見る〟である。短絡的に、そのときの感情をぶつけて選手を萎縮させたところでなにもいいことは起こらない、と考える。

目的地を示し、導けば、〝叱る〟場面はスリム化できる

怒る・怒らないで言えば、その導き方も重要な問題になってくる。これはプレーそのものではないのだが、たとえばボール磨きを例に挙げてみる。

とある先輩からボール磨きを言い渡された部員がいる。〝サッカーボールを磨いておいて〟というのがその内容だった。部員はひとつひとつ丁寧に磨き上げなければいけないものだと思い込み、ひとつずつ、綺麗に磨き上げていくのだが、いつまで経っても終わらない。業を煮やした先輩が部室に戻ってみると、作業はもちろんはかどっていない。これでは練習終わりが遅くなるし、ほかの選手もいらだってくる。それを

見た先輩は「なにやってんだよ！　いつまでかかってんだ！　遅えんだよ！」と怒鳴りつけるのだが、後輩からすれば、〝なんで綺麗に磨いているのに怒られなきゃいけないんだよ〟となる。どうしてほしいか、内容が十分に伝えられていないのに、作業内容を否定されたのではたまったものではないだろう。

これなどは典型的な指導ミスだ。

ではどうするか。

ボールはどの程度磨けばいいのか、そもそも見本を示したのか。どのくらいの時間でいくつのボールを磨けばいいのか、……が大事なのだが、そのうえで、「〇分くらいで作業を終えてほしい」、まずはそこ。限られた時間の中で終わらせるには、このくらいのスピードで作業を進める。その時間的な感覚を覚えたうえで作業の質を上げていけばいい……と伝えるのだ。

これはほかの指導でも同じこと。最初から、時間も質も……は難しい。

であれば、**優先事項をまず伝えて、それに慣れさせ、次に質を上げていく**という手法をとるのもひとつの手だ。

部活であれば、たとえば瞬発系のトレーニングの一環として行っている腕立て伏せを行う場合、一定の数をこなすことを課すのではなく、時間で区切る。先輩たちは、1分の間に30回の腕立てをこなすのに対し、入部間もない部員にとっては20回が限度でも、それでいい。回数でなく、あくまでも時間で区切るのだ。中高生くらいだと数週間で先輩たちに追いついてくる。そんなものだ。

このときも、〝うちの腕立ては瞬発系の筋肉を鍛えたいから、スピードは速い。今は追いつかなくてもいいから、追いつくように頑張ってみて〟とトレーニングの主旨と、後輩たちがめざすべき目標を設定してあげれば、取り組みに対する考え方も違ってくるものなのである。

めざしたいのは「＋」と「－」の関係性

現場で指導者の方々と話をしていると、保護者との接し方の難しさが年々増しているように感じられる。こちら（指導者）も感情的になり、あちら（保護者）も感情的になってしまうことも少なくない。そうなると話は平行線を辿ることになり、相手に伝えたい想いをお互いに尊重し合えなくなる。お互いに、本音のところでは部員を思いやっているはずなのに、これではわかり合えない。

そこでめざしたいのが「＋（プラス）」と「－（マイナス）」の関係だ。

感情がプラスだとすれば、そこにプラスをぶつけても重なり合うことはない。相手がプラスなら、こちら（指導者）はマイナス。つまり理論的になるほうが賢明だ。

そもそも保護者が感情的になるということは、子を思う強い気持ちがあるからこそ。話の内容に、たとえ違和感があったとしても、まずはそこを尊重する気持ちを忘れてはならないと思うのだ。

たとえば。

「ウチの子は一生懸命やっているんですよ！　試合に出たいために、家に帰っても一生懸命バットを振ったりして、頑張っているんですよ。なんでそういう努力をしている子を使ってくれないんですか！」といったような〝感情〟に対して、指導者も負けじと「いやそうは言っても、試合で使う力が足りないからですよ！」と感情で返してしまうと火に油を注ぐだけだ。

ではどうするか。

「そうですよね。お母さんが息子さんを思う気持ちは十分に伝わってきました。よく理解できます。努力しているのもわかります。では、息子さんが試合に出るために、どういうふうにこれから練習に取り組んでいかなきゃいけないのか、どういうふうに取り組んでいるのかという現状を今からお話ししますね」というように、具体的に道筋を立てて話をしていくほうがいいケースは多い。

逆に「ウチの子はほかの選手と比べても、体に力はない。パワーがあるわけでも技術的に飛び抜けているところがあるわけでもない。現状を考えると、この先もレギュラーというのは難しいのかな……」と悲観ではないのだが、現実的な目で状況を分析している保護者に対する際などは「いや、このところ、ずっと頑張っていますよ！体幹も強くなってきています。一生懸命頑張っていて、その努力に私は期待していますし、こっちもなんとか応えられるように指導していきたいと思っているんですよ！」的にむしろ感情をぶつけてみるのもいいと思うのだ。

感情が「熱さ」だとすれば、理屈は「冷静さ」と言ってもいいかもしれない。相手に熱さがあれば、こちらは冷静さ。相手が冷静であれば、こちらは熱意を持って接するのだ。

〝親の発言は、少なからず矛盾を孕《はら》んでいるものである〟ことを忘れずに！

保護者というのは、なかなか難しいものである。たとえば、入部当初は「ドンドン鍛えてやってください」と言っていたにもかかわらず、やがてちょっとキビシイ練習を課すと「行きすぎでは……」となる。

こんな話がある。

以前、大手大学入試予備校で保護者を対象とした講演を行ったときのことだ。そのときにこちらが「皆さんはお子さんに、将来どんなお子さんになってほしいとお考えですか？」と尋ねたところ、「真面目にさえ生きてくれれば」だとか「立派な大人になってほしい」など、綺麗な言葉がズラリと並ぶ。

そこでこちら側も、ちょっとしたイタズラ心ではないのだが、「では、たとえば入試の本番でお子さんたちの頭の中が真っ白になってしまったとします。そのとき、目の前にスラスラと解答している受験生がいる。そして、その解答がお子さんにはよく見える状況にあったとします。〝見える〟にもかかわらず、カンニングすることもなく、真面目にテストに臨んだものの真っ白な頭では実力を発揮できずに受験は失敗したとします。そのとき、お子さんに対してどう思いますか？」と尋ねると「なに要領悪いことやってんの!?」。あるいは「そんなの答え見ちゃえばよかったのに！」という声が、これまたズラリと並んだのだ。

その場の和やかな雰囲気もあって、保護者からくだけた解答が出てきたとはいえ、そもそも基本的に「親」というのは、少なからずそういった矛盾を孕んでいるものなのである。

ではどうするか。

実際にイメージしてもらうのだ。たとえば、

「本校の野球部は人数が多いもので、最終学年でもベンチ入りできない部員は必ず出てきます。その際に優先するのは日頃の練習態度ではなく、あくまでもその時点で勝利に一番近い、つまり実力主義でメンバーを私自身が選びます。つまりは、練習を一生懸命頑張っていても、場合によってはベンチ外、スタンドの応援に回る可能性もあるのです。皆さんには一度、お子さんがスタンドで応援している姿をイメージしてみてください。それでも納得していただけますか？」

要は当事者意識を持たせるためのワン・クッション。これが大切なのだ。「う〜ん、それだと……」という保護者の方がいれば、それはそれで部活の方針と保護者の方針について話し合いの場を持つよりほかはない。

先ほどの、受験会場での〝カンニング問題〟と同じだ。口では「立派な大人に」と言いながら、いざ窮地に追い込まれると「合格のためならカンニングしてでも」となってはしようがないから、イメージしてもらい、なるべくキチンと理解してもらうということに努めるのだ。

我々の普段の生活や会話の中で、こんな経験はないだろうか。

釣りが趣味の友人がいたとする。海に出て釣りをし、釣った魚は自分で捌《さば》いて、ビールのつまみにしている……という話を聞いたとする。それだけだと、〝お、それいいな、楽しそうだな〟と思い、思わず「今度、連れて行ってよ」と言ったまではよかったが、聞くと起きるのは朝3時。乗合船は一度出航すると夕方まで戻らない。船上は、波が穏やかならいいのだが、これがけっこう揺れるという。つまり、話が具体的になることでイメージがはっきりして「これは無理だな!?……」となる、あれだ。

だから、イメージすることが大事なのだ。

その後、「うちの息子は好きなスポーツで頑張ってくれればそれでいい。試合に出られるかどうかは、先生にお任せします」と言っていたはずの保護者が異論を唱えてきた場合にも、「そもそも〝元気に楽しく部活をやってくれれば……〟と言っていたじゃないですか？　ベンチ入りできないこともありますが、彼はよく頑張っていますよ」と言葉を添えたうえで、またあらためて保護者と対話をしてみることも必要だろう。

客観的な事実だけを親に伝える

子どもとのやりとりを親に伝える場合に気をつけなければいけない事項は、ほかにもいくつかある。そもそも指導者側からの報告というものは、あくまでも指導者側からの一方通行的な報告として受け取られがちになってしまうという側面がある。さらに親からは、「結局は先生の都合のいいように報告しているのでは？」と受け取られがちといってもいい。

ではどうするか。

ひとつ大切なのは、客観的な事実だけを並べるようにすることである。このとき、

指導者としての主観であるとか、曖昧な部分というのは極力排除しておくことは必須だ。たとえば、

「○○君はルールを守っていません」と保護者に伝えても、子が「いや、俺、守ってるし」となれば、保護者も判断が鈍る。

「最近、あまりやる気が見えない」という場合はもっと難しい。これも子が「やる気あるよ」と親に答えれば、これまた同じこと。

いずれのケースも指導者とすれば〝客観的な事実〟と思っていても、実はかなり主観が入っていると言わざるをえないのだ。

どうするか。

事実のみを伝えるよりほかない。

たとえば部室の掃除をしておくように伝えたにもかかわらず、それをしていない場合。これが事実。これを「こちらの指示を聞かない」という抽象的な言い方にしてしまうと「いや、聞いてるし」と反発を招きかねず、それでは保護者に伝えたいことは伝わらない。

「やる気が見えない」のであれば、それは具体的にどういった部分にそれを感じたのかを伝えるほうがいいだろう。たとえば野球の素振りであれば「一日100スイングを課しているが、○○君は30スイングくらいから明らかにスイングスピードが変わる。これは指導者から見てわかることです。そこに集中力の欠如を感じるのです」と、できる限り余計な情報を削除して、理路整然と伝えることが大切だと思うのだ。

そういったことを踏まえたうえで、指導者としての考え方・対応を一方的に通達するのではなく、保護者に「どうすればいいですかね……」的に、一緒に今後の策をポジティブに考えるというスタンスをとりたい旨を伝えるのだ。そういった対応のほうが問題は少なくなるように感じる。

【著者紹介】

高畑好秀（スポーツメンタルトレーナー）

1968年広島市生まれ。早稲田大学人間科学部スポーツ科学科スポーツ心理学専攻卒。日本心理学会認定心理士資格取得。早稲田大学運動心理学研修生終了。プロ野球では横浜ベイスターズや千葉ロッテマリーンズ、広島東洋カープ、Ｊリーグでは FC 東京や川崎フロンターレでメンタルコーチを務めたほか、数多くのＶリーグ、プロボクサー、プロゴルファーを指導。北京・ロンドンオリンピックでは日本代表選手にメンタル指導を行った。スポーツおよびビジネスメンタルに関する著書は80冊超。近著に『不安定な世の中を生きる７つのヒント』（ザメディアジョン）ほか。

小林雄二（フリーライター）

1968年広島市生まれ。大正大学文学部文学科国文学専攻卒。広告代理店、雑誌社勤務を経てフリーの編集・ライターに。『がっつり！プロ野球』『がっつり！甲子園』（ともに日本文芸社)、『プロ野球全12球団選手名鑑』（コスミック出版)、『証言 プロ野球ドラフト会議50年』（宝島社）など、スポーツ分野を中心とした書籍・雑誌・ムック・web サイトに執筆。中学・高校を対象とした学校情報誌・サイトでは体育系・文化系問わず数多くの部活動を取材。JADP 認定メンタル心理カウンセラー。

運動部顧問・スポーツクラブコーチのための

ベスト・パフォーマンスを引き出すコーチ力

2021年７月15日　第一刷発行

著者	高畑好秀／小林雄二
発行人	出口 汪
発行所	株式会社 水王舎 〒160-0023 東京都新宿区西新宿8-3-32 電話 03-6304-0201
本文印刷	新藤慶昌堂
カバー印刷	歩プロセス
製本	ナショナル製本
装丁	福田和雄（FUKUDA DESIGN）
編集統括	瀬戸起彦（水王舎）

落丁、乱丁本はお取り替えいたします。

ISBN978-4-86470-158-7 C0037